LE LABEL YLIGA

C'est une initiative portée par plusieurs maisons d'édition, qui souhaitent faire de ce label une marque de fabrique et de traçabilité d'ouvrages édités de façon la plus respectueuse possible de l'environnement.

On ne peut pas vous promettre le « zéro déchet » ou le « zéro pollution » mais on vous propose des ouvrages plus éco-responsables. Une nouvelle manière de lire le monde grâce à nous tous, éditeurs, auteurs, imprimeurs, distributeurs, libraires, lecteurs.

Parce que le livre doit servir la planète sans l'abîmer !

- Des livres qui traitent d'environnement, de bien-être, de « bien-manger », de conscience écologique, sociale et politique, des livres pour les adultes et pour les enfants, des livres qui donnent du sens en plaçant notre planète au cœur de notre quotidien, de notre réflexion.
- **Moins de papier :** des formats d'ouvrage choisis pour leur très faible gâche de matière.
- **Un papier certifié** aux normes environnementales FSC et PEFC (des écolabels garantissant une gestion durable des forêts).
- **Moins de produits chimiques :** utilisation d'encres végétales, absence de vernis et de pelliculage issu de la pétrochimie.
- **Pas de couverture cartonnée ni de film plastique** protégeant les ouvrages.
- **Impression simultanée** des couvertures d'ouvrages de même format.
- **Impression à moins de 1000 km** de nos entrepôts. Pas d'impression en Asie, pas de transport aérien.
- **Des process repensés :** suppression des tirages papier pour contrôler les étapes de fabrication avec le photograveur et l'imprimeur, facturation 100 % numérique, diminution des services de presse papier, une communication essentiellement numérique.

* Yliga, pourquoi ce nom ? C'est le nom, en langue moré, d'un arbre aux vertus médicinales qui vit entre le Sahara et l'Afrique tropicale et qui, comme d'autres essences, a su s'épanouir dans des conditions environnementales difficiles. Il est, pour nous, un symbole de l'adaptation nécessaire et possible, de même qu'un exemple d'exploitation vertueuse des ressources naturelles.

YLIGA - ÉCO-RESPONSABLE -

JULIE SCHWOB
Photographies
LAURENT ROUVRAIS

SANDWICHS À DÉVORER

60 RECETTES GOURMANDES D'ICI ET D'AILLEURS

Éditions
de La Martinière

SOMMAIRE

7 Introduction

8 SANDWICHS MYTHIQUES

10 Les sandwichs salés

88 Les sandwichs sucrés

98 LES RECETTES DE BASE

100 Les différents pains
Les pâtes levées cuites au four

118 Les différents pains
Les pains cuits à la poêle

124 Les différents pains
Les pains frits

128 Les sauces

140 Les condiments

150 ANNEXES

152 Table des recettes
154 Index par ingrédients
160 Remerciements

INTRODUCTION

Avec les pauses-déjeuner qui raccourcissent, le foisonnement des offres à emporter des restaurants, l'avènement des « *dark kitchens* » et l'attrait des chefs étoilés pour la « *street food* », il est grand temps de s'avouer que le sandwich est devenu un incontournable de notre alimentation !

Au-delà du classique jambon-beurre dégusté goulûment au comptoir d'un bar et du burger, qui a définitivement détrôné le steak-frites dans la plupart des brasseries françaises, il y a mille et une manières de préparer d'excellents sandwichs.

Dans ce livre, je vous partage des recettes du monde entier : des incontournables gyros, panini, et banh mi au mythique katsu sando japonais jusqu'à l'inattendu po' boy de Louisiane.

Vous ferez un tour d'horizon des pains croquants à faire maison, des sauces à se lécher les babines, et des condiments à cuisiner aux petits oignons... car il n'y a rien de plus satisfaisant que de tout faire soi-même pour toucher à la perfection !

Et vous découvrirez que faire de vrais bons sandwichs à dévorer... c'est simple, mais c'est tout un art !

Sandwichs mythiques

Les sandwichs salés

Jambon-beurre

Préparation : 10 minutes Pas de cuisson
Pour 4 sandwichs

4 morceaux de baguette tradition (voir recette p. 102)

8 tranches de jambon de Paris

4 portions de beurre parfumé, à prendre au choix dans les recettes ci-contre.

Beurre au paprika

Mélangez 125 g de beurre doux pommade avec 1 cuil. à soupe rase de paprika doux, 1 pincée de sel et 1 pincée de poivre. Pour relever ce beurre, vous pouvez ajouter 1 pincée de piment de Cayenne en poudre.

Beurre aux herbes

Hachez très finement 10 brins de ciboulette, 1 cuil. à soupe de feuilles de persil plat, 4 tiges d'estragon. Zestez très finement ½ citron jaune bio. Mélangez 125 g de beurre doux pommade avec les herbes, le zeste de citron, 1 pincée de sel et 1 pincée de poivre.

Beurre aux agrumes

Zestez finement ½ citron jaune bio et ½ citron vert bio. Mélangez les zestes avec 125 g de beurre doux pommade, 1 pincée de sel et 1 pincée de poivre.

Utilisez immédiatement ces préparations pour tartiner votre pain et réservez le reste pour une utilisation ultérieure (d'autres recettes de beurres parfumés sont à retrouver p. 130). Garnissez vos pains de tranches de jambon et servez immédiatement.

Pan-bagnat

Préparation : 10 minutes Réfrigération : 30 minutes
Pour 4 sandwichs

- 4 petits pains ronds (voir recette p.106)
- 4 radis roses
- 2 tomates
- 4 petits oignons frais ou cébettes
- 2 petites branches de céleri
- 1 poivron vert
- 2 artichauts poivrade à l'huile
- 4 œufs durs
- 4 filets d'anchois
- 1 boîte de thon à l'huile
- Quelques févettes
- Quelques olives noires de Nice
- Basilic
- Huile d'olive
- Sel, poivre

Coupez les pains en portefeuille, arrosez la mie de chaque côté d'un bon filet d'huile d'olive.

Coupez les radis, les tomates et les cébettes en fines rondelles. Émincez le céleri finement, coupez le poivron en fines lanières.

Répartissez les ingrédients dans les 4 pains. Appuyez bien sur les pains, filmez-les et laissez-les se rafraîchir 30 minutes au réfrigérateur avant de servir.

Club-sandwich

Préparation : 20 minutes Cuisson : 10 minutes
Pour 4 sandwichs

- 12 tranches de pain de mie (voir recette p. 105)
- 8 tranches de lard fumé
- 50 g de beurre
- 4 filets de poulet
- 8 cuil. à café de mayonnaise (voir recette p. 131) ou de chutney à la figue ou à la mangue (voir recette p. 148)
- 8 feuilles de laitue
- 2 tomates coupées en rondelles
- 4 œufs durs coupés en rondelles
- 8 tranches fines de cheddar
- Sel, poivre

Faites griller les tranches de pain et réservez-les au chaud.

Dans une poêle, faites griller les tranches de lard de chaque côté à feu moyen. Dans la même poêle, ajoutez le beurre puis les filets de poulet, faites-les bien dorer des 2 côtés. Faites-les refroidir complètement puis émincez-les.

Tartinez 1 tranche de pain de mayonnaise. Déposez 1 feuille de laitue, des morceaux de poulet, le lard grillé, quelques rondelles de tomate. Tartinez une seconde tranche de pain de mayonnaise et placez-la au-dessus. Tartinez-la à nouveau de mayonnaise. Déposez quelques rondelles d'œuf dur, 2 tranches de cheddar et 1 feuille de laitue. Recouvrez d'une dernière tranche de pain grillé nature.

Coupez le sandwich en 2 en triangle. Piquez chaque moitié avec un bâtonnet en bois. Répétez l'opération avec le reste des ingrédients.

Egg & cress

Préparation : 10 minutes   Pas de cuisson
Pour 4 personnes ou 16 sandwichs triangles

8 tranches de pain de mie (voir recette p. 105)

4 œufs durs

POUR LA MAYONNAISE AUX GRAINES GERMÉES

1 jaune d'œuf

4 cuil. à café de moutarde

25 cl d'huile neutre (tournesol ou colza)

1 trait de jus de citron

50 g de graines germées (betterave, poireau, moutarde, cresson...)

Sel, poivre

Préparez la mayonnaise : mélangez le jaune d'œuf et 1 cuil. à café de moutarde, salez, poivrez. Ajoutez l'huile en un mince filet en fouettant au batteur ou au fouet à main pour démarrer l'émulsion. Ajoutez toute l'huile petit à petit. Terminez par le trait de jus de citron. Lorsque la mayonnaise est figée, ajoutez le reste de moutarde, mélangez à nouveau puis rectifiez l'assaisonnement. Terminez en ajoutant délicatement les graines germées.

Écalez les œufs durs et coupez-les en dés. Mélangez les œufs à la mayonnaise puis ajoutez les graines germées.

Tartinez la moitié des tranches de pain de mie de la préparation, puis recouvrez des tranches de pain de mie restantes.

Smash cheese bacon burger

Préparation : 10 minutes Cuisson : 15 minutes
Pour 4 burgers

- 4 buns (voir recette p. 104)
- 2 tomates
- 1 oignon blanc
- 600 g de steaks hachés
- 2 cuil. à soupe d'huile neutre
- 8 tranches de bacon (poitrine fumée)
- 4 tranches fines de cheddar
- 4 feuilles de laitue émincées finement
- Quelques pickles de concombre (voir recette p. 143)
- Sauce ketchup maison (voir recette p. 136)
- Moutarde douce américaine

Coupez les buns en 2. Coupez les tomates en tranches fines. Pelez et tranchez finement l'oignon blanc.

Faites dorer les buns à sec sur une poêle tiède. Faites cuire les steaks hachés à la poêle quelques minutes de chaque côté dans l'huile chaude, en appuyant fermement avec une spatule pour bien les écraser. Faites cuire en même temps les tranches de bacon. Lorsque les deux côtés des steaks sont saisis, assaisonnez et déposez 1 tranche de cheddar sur chaque steak. Couvrez et attendez que le cheddar ait bien fondu.

Pour chaque burger, ajoutez un peu de moutarde sur le pain du bas, puis les pickles, le bœuf grillé avec le cheddar, 2 tranches de bacon, 2 tranches de tomate, 1 tranche d'oignon, et terminez par la laitue. Tartinez de ketchup le bun du haut et placez-le sur la salade.

Remarque : les furieux de smash burger utilisent un poids pour écraser proprement leur steak et ne mettent pas de graines de sésame sur leur bun… Tous les goûts sont dans la nature !

Philly cheesesteak

Préparation : 10 minutes Cuisson : 15 minutes
Pour 4 sandwichs

- 4 pains à hot dog (voir recette p. 104) ou 4 ciabattas (voir recette p. 111)
- 400 g de pavé de bœuf
- 2 poivrons verts
- 2 oignons blancs
- 2 cuil. à soupe d'huile d'olive
- 2 cuil. à soupe de persil plat
- 450 g de provolone (ou de mozzarella fumée)
- Ketchup maison (voir recette p. 136)
- Sel, poivre

Émincez le bœuf en petites lamelles.

Coupez les poivrons en lanières et émincez les oignons.

Faites chauffer l'huile d'olive dans une grande poêle, ajoutez les poivrons et les oignons émincés. Laissez dorer les légumes de tous les côtés. Ajoutez le persil, puis salez et poivrez. Mettez les légumes sur le côté de la poêle puis ajoutez les lamelles de viande, faites-les cuire à feu vif quelques minutes, salez et poivrez la viande.

Lorsque l'ensemble est bien chaud et grillé, garnissez un pain à hot dog, ajoutez 1 belle tranche de provolone sur la viande, refermez le sandwich et appuyez bien. Faites de même avec les autres pains. Passez le sandwich quelques minutes sous le gril du four pour que les tranches de fromage soient bien fondues et que les pains croustillent.

Remarque : vous pouvez rajouter un peu de ketchup à l'intérieur du sandwich avant la garniture de viande.

Avez-vous lu un livre?
C'EST TRÈS

Grilled cheese sandwich

Préparation : 10 minutes Cuisson : 10 minutes
Pour 4 sandwichs

8 tranches de pain de mie (voir recette p. 105)

100 g de mayonnaise (voir recette p. 131)

8 tranches de cheddar

4 tranches de gouda

Tartinez les 8 tranches de pain de mayonnaise.

Dans une poêle chaude, déposez 4 tranches de pain côté mayonnaise. Ajoutez 1 tranche de cheddar, 1 tranche de gouda et à nouveau 1 tranche de cheddar. Recouvrez des tranches de pain restantes, côté mayonnaise vers l'extérieur. Faites chauffer à feu doux. Retournez autant de fois que nécessaire pour que les pains soient bien dorés.

Pour accélérer la fonte du fromage, vous pouvez couvrir les sandwichs d'une cloche.

Bagel lox

Préparation : 10 minutes   Pas de cuisson
Pour 4 bagels

4 pains bagel (voir recette p. 113)
½ concombre
4 radis roses
1 cébette
150 g de cream cheese
8 tranches de saumon fumé
Quelques brins de ciboulette
Sel, poivre

Coupez les bagels en 2 dans l'épaisseur, faites-les griller sous le gril du four ou au grille-pain.

Émincez le concombre, les radis et la cébette.

Badigeonnez les intérieurs des pains de cream cheese. Salez, poivrez. Ajoutez les radis, le concombre, les herbes.

Terminez par 2 tranches de saumon fumé. Dégustez bien frais.

VARIANTES

Bagel TLT

C'est un bagel totalement végétarien que l'on garnit de tofu, de laitue et de tomate. Vous pouvez l'accompagner d'une sauce à la crème de soja et au curry.

Bagel pastrami

Coupez un bagel en 2, garnissez-le de 100 g de confit d'oignons (voir recette p. 149), de pastrami (au rayon kasher des supermarchés) et de quelques tranches de pickles de concombre (voir recette p. 143).

Bagel BLT (bacon, laitue, tomate)

Coupez un bagel en 2, faites-le griller. Tartinez de confit d'échalote (voir recette p. 149) ou de chutney à la figue (voir recette p. 148). Placez quelques feuilles de laitue, 1 ou 2 tranches de tomate et 50 g de tranches de bacon bien grillé.

Focaccia au speck et à la truffe

Préparation : 20 minutes
Pour 4 parts de focaccia

1 focaccia (voir recette p. 110)

8 champignons de Paris

25 cl de crème fraîche épaisse

2 cuil. à soupe de parmesan râpé

5 cl d'huile d'olive

1 cuil. à soupe de brisures de truffe noire

8 à 12 tranches fines de speck

8 billes de mozzarella

Quelques feuilles de persil frais

Sel, poivre

Coupez les champignons en fines rondelles.

Mélangez la crème fraîche, le parmesan, l'huile d'olive et la truffe noire. Salez, poivrez.

Coupez la focaccia dans l'épaisseur. Tartinez l'intérieur de crème à la truffe, garnissez de champignons, de speck, à nouveau de champignons. Ajoutez les billes de mozzarella et quelques feuilles de persil.

Dégustez !

Coney Island hot dog

Préparation : 10 minutes Cuisson : 5 minutes
Pour 6 hot dogs

- 6 pains à hot dog (voir recette p. 104)
- 50 g de beurre
- 2 oignons blancs doux pelés et émincés
- 400 g de choucroute cuite
- 10 cl de vin blanc sec
- 1 pincée de poivre de Jamaïque moulu (ou de poivre noir)
- 6 saucisses de Francfort
- Moutarde douce américaine
- Quelques pickles de concombre (voir recette p. 143)
- Ketchup maison (voir recette p. 136)

Faites fondre le beurre dans une poêle chaude, ajoutez les oignons et baissez le feu pour qu'ils dorent et deviennent translucides. Ajoutez la choucroute et le vin blanc. Laissez chauffer à feu doux pour que le vin blanc imbibe bien la choucroute, ajoutez alors le poivre. Remuez et coupez le feu.

Faites chauffer les saucisses quelques minutes dans un grand volume d'eau bouillante salée. Lorsqu'elles sont bien gonflées, coupez les pains en 2 dans la longueur, badigeonnez les pains de moutarde américaine, recouvrez de choucroute, ajoutez quelques pickles, terminez par la saucisse. Recouvrez d'un trait de ketchup et dégustez !

nos vies. Par
evenir à acheter les

Pletzel

Préparation : 10 minutes
Pour 4 Pletzel

- 4 pains Pletzel (voir recette p. 103)
- 2 tomates
- ½ concombre
- 1 gros cornichon malossol
- 1 oignon doux
- 200 g de mozzarella fumée
- 4 cuil. à soupe de pesto rosso (voir recette p. 142)
- 4 cuil. à soupe de pesto d'artichauts (voir recette p. 142)
- 400 g de pastrami de bœuf

Coupez les tomates, le concombre, le malossol, l'oignon et la mozzarella en fines tranches.

Coupez les pains Pletzel dans l'épaisseur puis badigeonnez chaque côté d'un pesto différent. Ajoutez les rondelles de tomate, d'oignon, de concombre et de malossol. Terminez par le pastrami et la mozzarella. Recouvrez et appuyez bien pour mélanger les saveurs.

Bocadillo de calamares

Préparation : 20 minutes Repos : 1 heure Cuisson : 20 minutes
Pour 4 bocadillos

4 demi-baguettes (voir recette p. 102)

POUR LES CALAMARS

125 g de farine
12 cl de bière
½ cuil. à café de sel
1 œuf entier + 2 blancs d'œufs
1 cuil. à soupe d'huile
400 g de calamars en anneaux
De l'huile de friture

POUR LA SAUCE

10 brins d'estragon frais
200 g de mayonnaise (voir recette p. 131)

Versez la farine dans un cul-de-poule, faites un puits et ajoutez la bière, le sel et l'œuf entier. Mélangez en commençant par le centre et incorporez la farine petit à petit. Versez l'huile à la surface et laissez reposer 1 heure.

Hachez l'estragon et mélangez-le à la mayonnaise. Réservez au frais.

Faites chauffer un bain d'huile de friture à 180 °C, vérifiez la température à l'aide d' un thermomètre de cuisson.

Montez les blancs en neige ferme. Incorporez-les délicatement dans la pâte.

Trempez les anneaux de calamars dans la pâte puis dans la friture. Faites-les cuire au fur et à mesure sans surcharger la friture pour qu'elle garde bien sa température. Égouttez les beignets sur du papier absorbant.

Coupez les baguettes dans l'épaisseur, tartinez les deux côtés de la mie de mayonnaise à l'estragon et garnissez de calamars.

Ciabatta

Préparation : 10 minutes Pas de cuisson
Pour 4 sandwichs

- 4 ciabattas (voir recette p. 111)
- 1 aubergine
- 1 courgette
- 1 poivron rouge
- 400 g de tranches fines de coppa di testa ou de mortadelle
- 12 billes de mozzarella
- 30 g de pistaches
- Huile d'olive
- Sel, poivre

Préchauffez le four à 200 °C (th. 7).

Coupez l'aubergine et la courgette en fines tranches dans leur longueur. Coupez le poivron en morceaux.

Placez sur la plaque du four recouverte d'une feuille de papier cuisson. Salez, poivrez, arrosez d'huile d'olive. Laissez cuire 30 minutes environ en retournant à mi-cuisson.
Laissez refroidir.

Coupez les ciabattas dans l'épaisseur.

Garnissez les pains de légumes grillés. Arrosez d'un filet d'huile d'olive. Ajoutez la coppa di testa, les billes de mozzarella et les pistaches.

Sandwich chich taouk

Préparation : 20 minutes Marinade : 12 heures Cuisson : 15 minutes
Pour 4 sandwichs

4 pains orientaux

POUR LE POULET

2 filets de poulet

Le jus d'un citron

2 cuil. à soupe de yaourt à la grecque

1 pincée de sumac en poudre

1 pincée de paprika

1 pincée de thym séché

½ cuil. à café de sel fin

POUR LA GARNITURE

4 cuil. à soupe de mayonnaise à l'ail (voir recette p. 132)

Quelques feuilles de salade émincées finement

1 concombre mariné au sel

Quelques feuilles de persil et feuilles de menthe

USTENSILE

Piques à brochette

Coupez le poulet en petits cubes de 2 cm. Faites-le mariner une nuit avec le jus de citron, le yaourt, le sumac, le paprika, le thym et le sel.

Le lendemain, piquez les morceaux pour former 4 brochettes. Faites cuire sur le gril ou à sec dans une poêle.

Placez sur chaque pain de la mayonnaise à l'ail, de la salade, quelques rondelles de concombre mariné, des feuilles de persil et de menthe fraîche et une brochette. Retirez les piques à brochette puis roulez les pains sur eux-mêmes pour former un sandwich.

Conseil : si vous n'avez pas une nuit devant vous, faites mariner le poulet au minimum 1 heure.

Sandwich Reuben

Préparation : 15 minutes Cuisson : 10 minutes
Pour 4 sandwichs

- 8 grandes tranches de pain de campagne
- 8 cuil. à soupe de sauce Thousand Island (voir recette p. 139)
- 8 tranches de cheddar
- 400 g de choucroute
- 600 g de pastrami de bœuf
- 20 g de beurre salé
- 2 cuil. à soupe d'huile de colza

Tartinez les tranches de pain de sauce.

Sur 4 tranches, répartissez le cheddar puis la choucroute et enfin le pastrami. Recouvrez avec les 4 tranches restantes (sauce vers l'intérieur). Appuyez bien pour que l'ensemble des ingrédients se tiennent bien.

Dans une poêle, faites fondre à feu doux le beurre avec l'huile. Faites dorer les sandwichs dans le beurre en les retournant jusqu'à ce qu'ils soient bien chauds et que le cheddar ait bien fondu.

Falafel

Préparation : 30 minutes Repos : 12 heures Cuisson : 10 minutes
Pour 4 personnes ou une dizaine de falafels

POUR LES FALAFELS

200 g de pois chiches secs

100 g de fèves sèches

1 oignon

1 gousse d'ail

2 cuil. à café de cumin en poudre

50 g de graines de sésame blanc

1 cuil. à café de piment doux

½ cuil. à café de levure chimique

De l'huile de friture

Sel, poivre

POUR LA SAUCE

20 cl de sauce tahini (voir recette p. 139)

POUR LES ACCOMPAGNEMENTS

4 pains pitas (voir recette p. 121)

100 g de chou rouge et blanc râpé finement

1 oignon rouge

Quelques pickles de légumes au vinaigre

La veille, mettez les légumes secs dans un saladier et couvrez-les d'eau. Laissez-les gonfler 12 heures au moins.

Rincez les légumes secs, égouttez-les. Pelez et hachez l'oignon et l'ail. Mixez les légumes secs, l'oignon, l'ail, le cumin, le sésame, le piment et la levure. La pâte doit être consistante.

À l'aide d'une cuillère à glace, façonnez des boulettes (si la pâte est trop sèche, ajoutez un peu d'eau). Salez, poivrez.

Faites chauffer un bain d'huile de friture à 170 °C.

Plongez les falafels par petite quantité dans l'huile de friture jusqu'à ce qu'ils soient bien dorés, pendant 8 à 10 minutes environ.

Faites réchauffer les pitas 30 secondes au micro-ondes.

Garnissez les pitas de légumes, ajoutez les falafels bien chauds, arrosez de sauce tahini et dégustez immédiatement car les falafels se mangent chauds sinon rien !

Variante : pour un plat complètement végétalien, remplacez le yaourt dans la sauce tahini par de la crème de soja.

un livre préféré, le tem
Tout le monde essaie de
votre maison, l'enfan
tenant susceptible d

Fricassé

Préparation : 10 minutes Pas de cuisson
Pour 4 fricassés

4 pains fricassés tout chauds (voir recette p. 126)

POUR LA GARNITURE

1 grosse boîte de thon à l'huile, égoutté et émietté
2 œufs durs coupés en quartiers
2 tomates coupées en dés
1 oignon doux haché grossièrement
1 cuil. à soupe de câpres
Quelques olives noires dénoyautées
Sel, poivre

POUR LES ACCOMPAGNEMENTS

2 tomates concassées
½ concombre
½ poivron vert
Quelques feuilles de persil haché
2 cuil. à soupe d'huile d'olive
Le jus de 2 citrons
1 coupelle de harissa

Préparez les accompagnements : coupez tous les légumes en très petits dés puis ajoutez le persil et arrosez d'huile d'olive et de jus de citron.

Répartissez la garniture dans les fricassés puis présentez-les avec les accompagnements de légumes. Dégustez avec de la harissa.

Banh mi

Préparation : 20 minutes Cuisson : 15 minutes
Pour 4 banh mi

4 morceaux de baguette (voir recette p. 102)

POUR LES BOULETTES

150 g de bœuf haché

150 g de porc haché

30 g de champignons de Paris ou de shiitakés

½ gousse d'ail

1 échalote

50 g de beurre

De la sauce soja sucrée

De la sauce nuoc mam

POUR LA GARNITURE

50 g de mayonnaise maison (voir recette p. 131)

Quelques rondelles de concombre frais

Quelques rondelles de légumes do chua (voir recette p. 144)

Des feuilles de coriandre fraîche

Mélangez les viandes hachées, ajoutez les champignons pelés et hachés finement. Ajoutez la gousse d'ail écrasée et l'échalote ciselée. Ajoutez 2 cuil. à soupe de sauce soja sucrée et 1 cuil. à soupe de sauce nuoc mam. Laissez mariner quelques instants. Façonnez des boulettes de viande.

Dans une poêle, faites chauffer le beurre et faites cuire les boulettes en les retournant délicatement pour qu'elles soient bien dorées des deux côtés puis réservez-les au chaud.

Coupez un morceau de baguette en 2, badigeonnez le bas de mayonnaise, déposez quelques rondelles de concombre, ajoutez des boulettes de viande, quelques rondelles de légumes do chua, recouvrez de feuilles de coriandre fraîche. Refermez et dégustez immédiatement

Lobster roll

Préparation : 20 minutes Cuisson : 15 minutes
Pour 4 sandwichs

2 queues de homard crues

1 bouillon de légumes

4 pains à hot dog ou pains briochés coupés en 2 (voir recette p. 104)

POUR LA MAYONNAISE

1 jaune d'œuf

1 cuil. à café de moutarde

Quelques traits de Tabasco®

Le jus d'un citron vert

10 cl d'huile neutre

Sel, poivre

POUR LA GARNITURE

1 ciboule émincée finement

1 branche de céleri frais émincée finement

Quelques feuilles de salade iceberg coupées finement

Quelques feuilles de persil plat et d'estragon frais

Faites cuire les queues de homard pendant 8 à 10 minutes à frémissement dans le bouillon de légumes jusqu'à ce que les carapaces soient bien rouges. Coupez la carapace dans la longueur avec un grand couteau de cuisine. Décortiquez les queues de homard en retirant doucement la chair.

Réalisez la mayonnaise maison : dans un bol, mélangez le jaune d'œuf avec la moutarde, le Tabasco® et un trait de jus de citron vert. Ajoutez l'huile petit à petit en filet en remuant constamment pour obtenir une belle émulsion. Salez, poivrez.

Tartinez les petits pains de mayonnaise. Ajoutez la ciboule et le céleri émincés. Garnissez de homard, parsemez de salade et d'herbes fraîches et arrosez d'un trait de jus de citron vert.

Katsu sando

Préparation : 20 minutes Cuisson : 10 minutes
Pour 4 sandwichs

8 tranches de pain de mie double épaisseur (voir recette p. 105)

POUR LA VIANDE

2 œufs

4 tranches de rôti de porc cru

2 cuil. à soupe de farine de blé ou de riz

De la chapelure panko

De l'huile de friture (tournesol)

POUR LA GARNITURE

100 g de chou blanc râpé très finement

2 cuil. à soupe de vinaigre de riz

4 cuil. à soupe de mayonnaise

4 cuil. à café de moutarde à l'ancienne

½ concombre coupé finement dans la longueur avec la peau

Un mélange de feuilles de coriandre et de persil plat émincées finement

De la sauce Tonkatsu (voir recette p. 139)

Sel, poivre

Mélangez le chou avec les herbes et le vinaigre et laissez reposer.

Faites dorer les tranches de pain à sec dans une poêle de chaque côté.

Tartinez 4 tranches de mayonnaise et 4 autres de moutarde à l'ancienne.

Battez les œufs en omelette avec une pincée de sel et versez-les dans une assiette creuse. Versez du panko dans une seconde assiette creuse, puis la farine dans une dernière.

Réalisez la panure de la viande en passant les tranches de porc successivement dans la farine, puis l'œuf et enfin le panko.

Faites cuire la viande quelques minutes dans un bain d'huile de friture à 170 °C, puis égouttez-les sur du papier absorbant.

Sur la mayonnaise déposez des tranches fines de concombre, le porc frit, un peu de sauce Tonkatsu, puis ajoutez un peu de chou. Refermez avec une seconde tranche de pain (tartinée de moutarde), appuyez bien. Répétez l'opération avec le reste des ingrédients.

Panini au pesto de roquette, mortadelle et mozzarella

Préparation : 10 minutes Cuisson : 30 minutes
Pour 4 paninis

- 4 paninis (voir recette p. 112)
- 4 cuil. à soupe de pesto de roquette (voir recette p. 142)
- 8 tomates séchées à l'huile
- 4 tranches d'aubergine grillée à l'huile
- 4 tranches de mortadelle
- 1 boule de mozzarella coupée en tranches
- 40 g de roquette

Coupez les paninis dans l'épaisseur, garnissez-les de pesto de roquette.

Ajoutez 2 tomates séchées par panini, puis 1 tranche d'aubergine grillée et 1 tranche de mortadelle. Répartissez les tranches de mozzarella. Terminez par la roquette.

Placez dans un toaster à paninis et faites griller le pain et fondre délicatement le fromage.

Gordita

Préparation : 30 minutes Cuisson : 30 minutes
Pour 8 sandwichs

- 8 petits pains gorditas (voir recette p. 127)
- 200 g de filet de bœuf
- 2 cuil. à soupe d'huile d'olive
- 2 oignons doux pelés et hachés
- 2 gousses d'ail pelées et écrasées
- 3 tomates bien mûres, pelées et concassées
- 1 poivron vert
- 1 poivron rouge
- 1 piment jalapeño émincé finement
- 40 g de queso añejo ou de parmesan
- Des feuilles de coriandre fraîche
- Sel, poivre

Coupez le filet de bœuf en petits dés.

Dans une cocotte, faites chauffer l'huile d'olive. Ajoutez les oignons et l'ail et laissez dorer. Ajoutez le bœuf assaisonné, à feu vif, faites-le dorer de tous les côtés. Baissez le feu, ajoutez les tomates, les poivrons coupés en dés et le piment. Laissez cuire 30 minutes à couvert.

Lorsque la viande est bien tendre, garnissez les petits pains de viande, ajoutez le fromage râpé grossièrement. Terminez par quelques feuilles de coriandre fraîche.

Choripan

Préparation : 20 minutes Cuisson : 10 minutes
Pour 4 personnes

4 morceaux de baguette (voir recette p. 102) ou 4 pains à hot dog (voir recette p. 104)

4 saucisses de chorizo à griller

POUR LA SAUCE CHIMICHURRI

½ bouquet de persil frais

1 tomate mondée

1 oignon rouge

1 oignon blanc doux

1 gousse d'ail pressée

½ cuil. à café de flocons de piment

10 cl d'huile d'olive

Le jus d'un citron vert

Sel, poivre

Préparez la sauce chimichurri : hachez finement le persil. Coupez la tomate en très petits dés. Pelez et hachez les oignons. Mélangez l'ensemble, ajoutez l'ail, le piment et arrosez d'un mélange d'huile d'olive et de jus de citron vert. Salez, poivrez.

Faites cuire les saucisses de chorizo au gril en les retournant régulièrement. Vous pouvez les couper en tranches pour faciliter la dégustation ou les garder entières.

Ouvrez les morceaux de pain dans la longueur, garnissez-les de chorizo et recouvrez de sauce chimichurri.

Dürüm

Pour 4 sandwichs

4 pains Dürüm (voir recette p. 114)

POUR LES BROCHETTES D'AGNEAU

500 g de gigot d'agneau coupé en petits dés

2 cuil. à soupe de concentré de tomate

½ cuil. à café de paprika

Sel, poivre

POUR LA GARNITURE

4 tomates coupées en dés

1 oignon violet émincé finement

Roquette ou épinards frais

Quelques pincées de piment séché

Huile d'olive

USTENSILE

Piques à brochette

Préparez l'agneau en le faisant mariner avec le concentré de tomate et le paprika, salez et poivrez. Couvrez d'un film plastique et laissez mariner 30 minutes.

Lorsque l'agneau a bien mariné, réalisez 4 brochettes de viande très serrées, que vous cuirez rapidement au barbecue, à la plancha ou au four (à 240 °C), en les retournant régulièrement.

Lorsque le pain et les brochettes sont cuits et réservés au chaud, déposez les légumes crus sur le pain, puis une brochette d'agneau, ajoutez du sel, du poivre, une pincée de piment séché et quelques gouttes d'huile d'olive. Roulez le pain Dürüm sur lui-même et dégustez bien chaud !

Pulled pork sandwich

Préparation : 15 minutes Cuisson : 1 h à 1 h 30
Pour 4 sandwichs

4 buns
(voir recette p. 104)
ou 4 morceaux
de baguette
(voir recette p. 102)

POUR LA VIANDE

50 g de beurre

2 cuil. à soupe d'huile d'olive

1 filet mignon de porc

1 oignon doux haché finement

1 gousse d'ail écrasée

200 g de ketchup maison (voir recette p. 136)

2 cuil. à soupe de sauce Worcestershire

2 cuil. à soupe de cassonade

½ cuil. à café de moutarde forte

1 cuil. à soupe de vinaigre de cidre

10 cl d'eau

Sel, poivre

POUR LA GARNITURE

2 tomates coupées en rondelles

4 cuil. à soupe d'un mélange de carotte et betterave râpées

De la moutarde

Quelques feuilles de laitue iceberg

Sel, poivre

Dans une cocotte en fonte, faites fondre le beurre avec l'huile d'olive. À feu vif, faites dorer le filet mignon de porc de tous les côtés, ajoutez l'oignon et l'ail et laissez dorer quelques instants.

Baissez à feu doux, ajoutez les autres ingrédients. Faites bien se dissoudre le sucre en mélangeant un peu. Assaisonnez bien. Couvrez hermétiquement et laissez cuire 1 heure à 1 heure 30 à feu doux. Vérifiez en cours de cuisson s'il ne manque pas de l'eau, rajoutez-en un peu si besoin.

Retirez la viande de la cocotte. À l'aide de 2 fourchettes (ou de vos doigts si ce n'est pas trop chaud), effilochez complètement la viande, puis replacez-la dans la cocotte pour la recouvrir de la sauce restante.

Coupez les buns dans l'épaisseur, faites dorer les mies à sec dans une poêle ou au grille-pain. Tartinez-les d'une fine couche de moutarde puis garnissez-les de rondelles de tomate, d'effiloché de viande, de laitue émincée puis du mélange carotte-betterave.

Shrimp po' boy sandwich

Préparation : 30 minutes Cuisson : 5 minutes
Pour 4 sandwichs

4 pains à hot dog (voir recette p. 104)

POUR LES CREVETTES PANÉES

50 g de farine

½ cuil. à café de piment de Cayenne en poudre ou en flocons

2 œufs battus en omelette

100 g de chapelure panko

Une vingtaine de crevettes crues décortiquées

Quelques feuilles de persil plat frais

De l'huile de friture (tournesol)

POUR LA GARNITURE COLESLAW

3 carottes

¼ de chou blanc

2 cuil. à soupe de mayonnaise (voir recette p. 131)

Sel, poivre

Commencez par préparer la coleslaw : râpez les carottes et émincez finement le chou. Mélangez avec la mayonnaise, salez, poivrez.

Faites chauffer un bain d'huile de friture à 180 °C.

Mélangez la farine avec le piment. Passez les crevettes dans la farine puis dans les œufs battus et enfin dans la chapelure panko. Faites cuire quelques minutes dans la friture chaude pour qu'elles soient bien dorées.

Ouvrez les morceaux de pain dans la longueur, puis garnissez-les de coleslaw, de quelques feuilles de persil haché et de crevettes panées.

Conseil : vous pouvez également réaliser ce sandwich avec des huîtres ou des moules que vous ferez frire de la même façon.

Broodje haring

Préparation : 10 minutes Pas de cuisson
Pour 4 sandwichs

- 8 tranches de pain noir multicéréales (voir recette p. 115)
- 4 cuil. à soupe de mayonnaise (voir recette p. 131)
- ½ yaourt nature
- 2 oignons rouges
- 2 branches de céleri
- 30 g de graines germées de betterave
- Quelques copeaux de betterave crue
- 4 filets de hareng fumé
- Sel, poivre

Mélangez la mayonnaise avec le yaourt puis salez et poivrez.

Épluchez et coupez les oignons en rondelles. Émincez les branches de céleri.

Tartinez 4 tranches de pain de cette mayonnaise, parsemez de graines germées puis ajoutez des rondelles d'oignons, le céleri et la betterave. Déposez un filet de hareng coupé en 2 sur chaque tranche puis recouvrez des tranches de pain restantes.

Sabich

Préparation : 30 minutes   Cuisson : 20 minutes
Pour 4 personnes

- 4 pains pitas (voir recette p. 121)
- 2 aubergines
- 10 cl d'huile d'olive
- 4 œufs
- ½ oignon blanc
- ½ oignon rouge
- 2 tomates bien mûres
- ½ concombre
- 2 pommes de terre cuites à l'eau
- Quelques feuilles de persil frais
- Quelques feuilles de coriandre fraîche
- Sel

POUR LA SAUCE

- 20 cl de coulis de mangue
- ½ cuil. à café de piment de Cayenne en flocons
- 1 trait de vinaigre de cidre
- Sel, poivre

Préparez à l'avance les aubergines : coupez-les en lamelles ou en rondelles régulières au couteau ou à la mandoline. Salez-les. Faites chauffer l'huile dans une poêle, laissez dorer les aubergines de chaque côté puis retirez-les et déposez-les sur du papier absorbant pour retirer l'excès de graisse. Laissez refroidir les aubergines complètement puis coupez-les en dés.

Faites cuire les œufs mollets puis rafraîchissez-les sous l'eau froide.

Pelez et hachez finement les oignons. Hachez également le persil et la coriandre.

Coupez les tomates, le concombre et les pommes de terre en cubes. Écalez les œufs.

Réchauffez les pitas quelques instants au micro-ondes pour qu'ils se ramollissent, puis garnissez-les de légumes, d'aubergine, d'œuf, finissez par quelques feuilles d'herbes fraîches. Arrosez avec la sauce à la mangue.

Servez les sabichs avec un peu de yaourt battu salé et poivré.

Cevapcici

Préparation : 20 minutes Cuisson : 10 minutes
Pour 4 sandwichs

- 4 morceaux de baguette (voir recette p. 102)
- 1 oignon blanc doux
- 2 gousses d'ail
- 250 g de viande de porc hachée
- 250 g de viande de bœuf hachée
- 1 pincée de sel
- 1 tour de moulin à poivre
- ½ cuil. à café de paprika
- ½ cuil. à café de cumin en poudre
- 5 branches de coriandre fraîche
- 1 œuf battu
- 5 cl d'huile d'olive

Pelez l'oignon et l'ail. Émincez l'oignon et pressez l'ail. Dans un saladier, mélangez les viandes, ajoutez l'oignon, l'ail, le sel, le poivre, les épices et la coriandre. Ajoutez l'œuf entier, malaxez avec une spatule pour que l'ensemble soit bien homogène.

Prenez 1 cuil. à soupe de mélange dans le creux de la main et faites des petites boulettes régulières de la taille d'une noix (vous en obtiendrez 24 environ). Aplatissez-les un peu. Faites cuire 10 minutes à la poêle dans l'huile d'olive.

Garnissez les baguettes de sauce ajvar (voir recette p. 133), puis ajoutez les boulettes cuites et terminez par quelques brins de coriandre fraîche.

Tripleta

Préparation : 10 minutes Cuisson : 10 minutes
Pour 4 personnes

4 morceaux de baguette (voir recette p. 102)

2 filets de poulet

2 cuil. à soupe d'huile d'olive

400 g de viande de bœuf hachée

2 pincées de paprika

2 pincées d'origan séché

2 pincées de thym séché

1 cuil. à café de piment de Cayenne en poudre

2 tomates coupées en rondelles

8 tranches de jambon blanc

Quelques feuilles de laitue iceberg finement émincées

Sel, poivre

EN ACCOMPAGNEMENT

mayonnaise, ketchup ou Tabasco®

Coupez les filets de poulet en morceaux.

Dans une poêle, faites chauffer l'huile d'olive, ajoutez la viande hachée. Salez, poivrez, ajoutez le paprika, l'origan et le thym. Laissez cuire quelques minutes pour que la viande soit bien grillée. Retirez la viande de la poêle et réservez au chaud.

Dans la même poêle, faites dorer le poulet, salez, poivrez et ajoutez le piment de Cayenne, remuez bien pour faire dorer le poulet de tous les côtés et pour répartir les épices. Retirez du feu et réservez au chaud.

Coupez les morceaux de pain dans l'épaisseur.

Garnissez l'intérieur d'un pain de quelques feuilles de laitue iceberg et de rondelles de tomate, puis appliquez 1 tranche de jambon contre le pain et garnissez de la viande hachée et du poulet. Refermez le morceau de pain bien hermétiquement et servez immédiatement. Faites de même pour les autres sandwichs.

Vous pouvez déguster ce sandwich tripleta avec de la mayonnaise, du ketchup ou avec quelques gouttes de Tabasco® en plus.

Muffuletta

Préparation : 20 minutes Pas de cuisson
Réfrigération : 1 heure minimum
Pour 2 gros sandwichs

2 gros buns
(voir recette p. 104)

POUR LA SALADE D'OLIVES

- 200 g d'olives vertes dénoyautées
- 1 cuil. à soupe de câpres
- 1 gousse d'ail
- 1 grosse tomate
- 2 cuil. à soupe de mélange de carottes et choux-fleurs do chua (voir recette p. 144) ou marinés au vinaigre doux
- 2 cuil. à soupe de vinaigre de vin rouge
- 10 cl d'huile d'olive

POUR LA GARNITURE

- 4 tranches de gouda
- 4 tranches d'emmental
- 6 tranches de jambon de Parme
- 8 tranches de coppa
- 6 tranches de salami

Préparez la salade d'olives en hachant grossièrement l'ensemble des ingrédients au couteau. Mélangez avec le vinaigre et l'huile.

Coupez les pains en 2 dans l'épaisseur.

Garnissez les mies de salade d'olives. Répartissez ensuite les tranches de fromage puis de charcuterie. Recouvrez les pains de leur chapeau, appuyez bien et laissez au frais pendant 1 heure au moins.

Burrito au poulet

Préparation : 15 minutes Cuisson : 10 minutes
Pour 4 burritos

- 4 tortillas de blé de 20 cm de diamètre minimum (voir recette p. 123)
- 1 oignon blanc doux
- 1 gousse d'ail
- 1 cuil. à soupe d'huile d'olive
- 2 filets de poulet coupés en lanières
- 1 cuil. à soupe d'origan
- 1 cuil. à soupe de thym
- 2 cuil. à soupe de coulis de tomates
- 1 tomate
- 1 avocat bien mûr
- ½ poivron rouge
- ½ poivron vert
- 60 g de cheddar doux
- Quelques feuilles de laitue
- Sel, poivre

Émincez l'oignon doux et la laitue.

Faites dorer les tortillas de blé à sec dans une poêle pendant quelques minutes de chaque côté, puis réservez sous un torchon propre pour les garder au chaud.

Dans la même poêle, faites revenir la moitié de l'oignon dans l'huile d'olive avec l'ail pressé. Lorsque l'oignon commence à devenir translucide, ajoutez les filets de poulet coupés en lanières, l'origan et le thym. Salez, poivrez. Faites cuire à feu vif jusqu'à ce que le poulet soit bien doré. Ajoutez le coulis de tomates, salez, poivrez, mélangez et réservez au chaud.

Coupez la tomate en petits dés. Pelez et écrasez grossièrement l'avocat. Coupez les poivrons en lanières. Râpez le cheddar.

Préparez un burrito en plaçant au centre de la tortilla un peu de chacun des ingrédients. Roulez la tortilla sur elle-même et fixez une extrémité du burrito avec une pique si besoin.

Kebab

Préparation : 25 minutes Marinade : 30 minutes Cuisson : 10 minutes
Pour 4 personnes

4 pains pitas
(voir recette p. 121)

POUR LA VIANDE

800 g de veau (ou d'agneau ou de filets de dinde)
3 cuil. à soupe de paprika
2 cuil. à soupe de gingembre en poudre
2 cuil. à soupe de curry en poudre
1 cuil. à soupe de cumin en poudre
½ cuil. à soupe d'origan séché
10 cl d'huile d'olive
2 cuil. à soupe de vinaigre de vin
Sel, poivre

POUR LA SAUCE

200 g de fromage blanc nature
Le jus d'un citron
1 pincée d'origan

POUR L'ACCOMPAGNEMENT

1 oignon violet pelé et émincé
2 tomates coupées en rondelles
Quelques feuilles de laitue
Des frites maison

Coupez la viande en fines lamelles d'environ 3 cm par 2 cm de côté.

Mélangez les ingrédients de l'assaisonnement puis versez sur la viande et laissez mariner pendant 30 minutes.

Préparez la sauce blanche d'accompagnement : mélangez le fromage blanc et le jus de citron, salez, poivrez, ajoutez une pincée d'origan.

Préchauffez le four à 240 °C (th. 8).

Placez la viande sur la lèchefrite du four recouverte de papier sulfurisé bien à plat. Enfournez quand le four est bien chaud. Laissez cuire 5 minutes, puis retournez la viande, laissez cuire encore 5 minutes. Lorsque la viande est grillée, retirez-la du four, couvrez-la d'un papier aluminium pour la conserver au chaud.

Garnissez les pains d'1 cuil. à soupe de sauce blanche, ajoutez des crudités dans le fond des pains, remplissez de viande grillée. Servez avec des frites maison bien chaudes en accompagnement.

Croque-mademoiselle

Préparation : 30 minutes Cuisson : 15 minutes
Pour 4 croque-mademoiselle

8 tranches de pain de mie (voir recette p. 105)

60 g de beurre

4 tranches de jambon

4 tranches d'emmental

4 œufs

POUR LA BÉCHAMEL

40 g de beurre

40 g de farine

½ l de lait

40 g de gruyère râpé

1 pincée de muscade

Sel

Tartinez les tranches de pain de mie de beurre.

Préparez la béchamel : dans une casserole, faites fondre le beurre à feu doux, puis ajoutez la farine et laissez dorer en mélangeant à l'aide d'une cuillère en bois. Ajoutez le lait froid. Mélangez au fouet et laissez épaissir à feu doux. Ajoutez le gruyère râpé, mélangez puis salez et ajoutez la muscade en poudre.

Préchauffez le gril du four.

Recouvrez chaque tranche de pain d'1 cuil. à soupe de béchamel. Ajoutez 1 tranche de jambon et 1 tranche d'emmental sur 4 tranches de pain, recouvrez du pain restant. Laissez dorer dans le four pendant 15 minutes environ.

Faites cuire 4 œufs au plat dans une poêle avec un peu de beurre. Déposez 1 œuf sur chaque croque chaud. Salez, poivrez l'œuf.

Gyros grec

Préparation : 20 minutes Marinade : 2 heures Cuisson : 10 minutes
Pour 4 gyros

4 pains pitas
(voir recette p. 121)

300 g de viande de porc

3 cuil. à soupe d'huile

1 cuil. à soupe de vinaigre de cidre

1 cuil. à café bombée d'origan

1 cuil. à café bombée de cumin

2 gousses d'ail

Sel, poivre

POUR LA GARNITURE

Des feuilles de salade émincées

Des rondelles d'oignon rouge

Du tzatziki

Coupez la viande en lanières et ajoutez l'huile, le vinaigre, l'origan et le cumin. Salez, poivrez. Laissez mariner pendant 2 heures.

Dans une poêle chaude, faites dorer la viande avec l'ail.

Coupez les pitas en 2, garnissez-les de salade puis de rondelles d'oignon et de viande. Terminez par 1 bonne cuil. à soupe de tzatziki.

Pizza roll

Préparation : 15 minutes Repos : 10 minutes Cuisson : 20 minutes
Pour 4 personnes

400 g de pâte à pizza fraîche (voir recette p. 107)

50 g de champignons de Paris

1 boule de mozzarella di bufala

4 tranches de jambon italien

4 cuil. à soupe de coulis de tomates

4 grosses pincées d'origan séché

Huile d'olive

Sel, poivre

Tranchez les champignons très finement. Faites de même avec la mozzarella. Coupez le jambon en morceaux.

Divisez la pâte en 4. Étalez une boule de pâte très finement (2 ou 3 mm d'épaisseur) en carré. Garnissez-la d'1 cuil. à soupe de coulis de tomates, parsemez de jambon, de champignons et de mozzarella, saupoudrez d'un peu d'origan et de quelques gouttes d'huile d'olive. Salez légèrement et poivrez.

Roulez la pizza sur elle-même pour obtenir un boudin de pâte. Faites de même pour les autres boules de pâte.

Préchauffez le four à 220 °C (th. 6/7).

Placez les boudins de pâte sur la plaque de cuisson, bien espacés les uns des autres. Arrosez d'un peu d'huile d'olive. Laissez gonfler à température ambiante 10 minutes puis enfournez pour 20 minutes de cuisson.

À la sortie du four, coupez la pizza en 2 et dégustez comme un sandwich.

Räksmörgås

Préparation : 10 minutes   Pas de cuisson
Pour 4 räksmörgås

- 4 petits pains polaires (voir recette p. 120)
- 4 cuil. à soupe de mayonnaise (voir recette p. 131)
- 4 cuil. à café de yaourt à la grecque
- 30 g de beurre
- 4 feuilles de salade
- 4 œufs mollets
- 400 g de crevettes roses décortiquées
- 2 tomates coupées en rondelles
- ½ concombre coupé en rondelles
- 4 rondelles de citron
- De l'aneth frais
- Sel, poivre

Mélangez la mayonnaise avec le yaourt, ajoutez quelques brins d'aneth ciselé. Salez, poivrez.

Beurrez les pains. Déposez 1 cuil. à soupe du mélange de mayonnaise sur chacun, puis une feuille de salade. Répartissez ensuite l'ensemble des ingrédients.

Fried chicken sandwich

Préparation : 20 minutes Marinade : 1 heure Cuisson : 10 minutes
Pour 4 sandwichs

4 buns
(voir recette p. 104)

POUR LES POULETS FRITS

2 filets de poulet

2 cuil. à café de paprika

1 grosse pincée de piment de Cayenne

2 cuil. à café d'origan séché

15 cl de lait fermenté

15 cl de jus de pickles de concombre (voir recette p. 143) ou de jus de cornichons (en supermarché)

200 g de fécule de pomme de terre

1 cuil. à café d'ail en poudre

1 cuil. à café d'oignon en poudre

De l'huile de friture (tournesol)

Sel, poivre

POUR LA GARNITURE

4 cuil. à soupe de mayonnaise aux herbes (voir recette p. 131) ou de sauce Thousand Island (voir recette p. 139)

4 belles feuilles de laitue

12 tranches de pickles de concombre (voir recette p. 143)

Ouvrez les filets de poulet en portefeuille puis coupez-les en 2 pour obtenir 4 morceaux de poulet fins et arrondis.

Placez les filets dans une jatte avec 1 cuil. à café de paprika, la pincée de piment, 1 cuil. à café d'origan. Recouvrez de lait fermenté et de jus de pickles de concombre et laissez mariner 1 heure.

Dans une jatte, versez la fécule de pomme de terre, le reste d'origan et de paprika, l'ail et l'oignon en poudre et 1 grosse pincée de sel. Ajoutez 2 à 3 cuil. à soupe de la marinade au lait fermenté, mélangez à la cuillère pour obtenir un mélange sec mais avec des grumeaux.

Faites chauffer un bain d'huile de friture à 180 °C.

Égouttez les filets de poulet, passez-les dans la fécule assaisonnée puis faites-les frire jusqu'à ce qu'ils soient bien dorés et croustillants.

Préparez les buns en les tartinant de mayonnaise, ajoutez les feuilles de laitue puis le poulet frit et enfin les tranches de pickles. Servez immédiatement.

Les sandwichs sucrés

PB&J (peanut butter and jelly)

Préparation : 5 minutes
Pour 4 sandwichs

8 tranches de pain de mie (voir recette p. 105)
4 cuil. à café de confiture de fraises
4 cuil. à café de beurre de cacahuètes

Tartinez 4 tranches de pain avec la confiture et les 4 autres avec le beurre de cacahuètes. Collez 1 tranche à la fraise avec 1 tranche à la cacahuète. Coupez en 4 et dégustez immédiatement.

Fruit sando

Préparation : 20 minutes Réfrigération : 30 minutes
Pour 4 sandwichs

8 tranches épaisses de pain de mie sans croûte (voir recette p. 105)

20 cl de crème fleurette à 35 % de MG

50 g de mascarpone

1 cuil. à café de sucre glace

1 kiwi

12 fraises

Montez la crème en chantilly avec le mascarpone et le sucre glace. La crème doit être très ferme. Réservez-la au frais pendant que vous découpez les fruits.

Pelez le kiwi et coupez-le en 4 tranches. Équeutez les fraises.

Tartinez 4 tranches de pain de crème montée. Disposez 1 tranche de kiwi au centre pour figurer la tige d'une fleur. Positionnez-la de sorte qu'elle soit en bas lorsque vous couperez le pain en 2.

Disposez les fraises entières dans la crème. Positionnez 1 ou 2 fraises à l'extrémité du kiwi pour figurer une fleur au moment de la découpe.

Rajoutez de la crème pour recouvrir intégralement les fruits. Terminez par déposer les tranches de pain restantes.

Posez vos sandwichs bien à plat au congélateur pendant 15 minutes.

Découpez vos sandwichs en 2 pour révéler le dessin. Laissez au congélateur. Sortez les sandwichs 15 minutes avant de les déguster.

Ice-cream sandwich

Préparation : 15 minutes Réfrigération : 1 heure Cuisson : 15 minutes
Congélation : 20 minutes minimum
Pour 6 sandwichs

POUR LES BISCUITS MAISON

200 g de farine

100 g de sucre glace

½ cuil. à café de sel fin

100 g de beurre doux

1 œuf

1 cuil. à café d'extrait de vanille

POUR LA GARNITURE

1 l de glace ou de sorbet aux fruits

Mélangez ensemble la farine, le sucre glace et le sel dans une jatte. Ajoutez le beurre froid coupé en petits morceaux et sablez entre vos mains jusqu'à obtenir la consistance d'un sable fin et régulier. Ajoutez l'œuf et l'extrait de vanille puis mélangez bien. Faites une boule, filmez et laissez au réfrigérateur au minimum 1 heure.

Préchauffez le four à 180 °C (th. 6).

Étalez la pâte finement, découpez 12 carrés ou cercles avec un emporte-pièce. Déposez-les délicatement sur une plaque de cuisson. Faites cuire 12 à 15 minutes jusqu'à ce qu'ils soient dorés. Laissez refroidir complètement.

Garnissez un biscuit d'une épaisse couche de glace de 2 cm environ, recouvrez d'un second biscuit. Arrangez les bords pour que la glace ne déborde pas.

Placez les biscuits au congélateur pendant 20 minutes minimum avant de les déguster pour qu'ils deviennent bien compacts.

S'more

Préparation : 30 minutes Réfrigération : 1 heure Cuisson : 20 minutes
Pour 6 sandwichs

Des biscuits Graham maison ou des Petit Beurre LU®

Des marshmallows

De gros carrés de chocolat noir ou au lait

POUR LES BISCUITS MAISON

200 g de farine

100 g de sucre glace

½ cuil. à café de sel fin

100 g de beurre doux

1 gros œuf

Mélangez ensemble la farine, le sucre glace et le sel dans une jatte. Ajoutez le beurre froid coupé en petits morceaux et sablez entre vos mains jusqu'à obtenir la consistance d'un sable fin et régulier. Ajoutez l'œuf, mélangez bien. Faites une boule, filmez et laissez au réfrigérateur au minimum 1 heure.

Préchauffez le four à 180 °C (th. 6).

Étalez la pâte finement, découpez 12 carrés ou cercles avec un emporte-pièce. Déposez-les délicatement sur une plaque de cuisson. Faites cuire 12 à 15 minutes jusqu'à ce qu'ils soient dorés. Laissez refroidir complètement.

Si vous êtes en extérieur, faites dorer 1 ou 2 marshmallows sur une pique en bois auprès du feu ou sur le barbecue. Lorsqu'ils commencent à dorer et à fondre, faites-les glisser sur un biscuit, ajoutez un carré de chocolat par-dessus, terminez par un second biscuit. Mangez immédiatement.

Astuce : si vous n'êtes pas en extérieur, vous pouvez garnir votre biscuit et passer l'ensemble au micro-ondes pendant 20 secondes environ pour faire fondre le marshmallow.

Les recettes de base

Les différents pains
Les pâtes levées cuites au four

Baguette

Préparation : 30 minutes Repos : 1 nuit
Pousse : 1 heure Cuisson : 20 à 25 minutes
Pour 3 baguettes

4 g de levure de boulanger fraîche
35 cl d'eau tiède
500 g de farine T65
10 g de sel

Versez la levure et l'eau tiède dans une grande jatte. Ajoutez la farine et le sel petit à petit. Travaillez à la main jusqu'à obtenir la consistance d'une pâte. Laissez reposer 20 minutes.

Dégazez légèrement puis laissez reposer à température ambiante pendant 15 minutes. Répétez l'opération 2 fois. Placez la pâte dans un bol, fermez hermétiquement et laissez au réfrigérateur pendant toute une nuit.

Divisez la pâte en 3 et formez des rectangles de 20 cm x 10 cm. Repliez les pâtons sur eux-mêmes, sans trop serrer, pour commencer à former des baguettes. Déposez chaque pâton sur un torchon largement fariné. Laissez pousser 1 heure à température ambiante.

Préchauffez le four à 240 °C (th. 8). Placez une plaque de cuisson dans le four avec un petit contenant rempli d'eau.

Farinez légèrement les baguettes, grignez-les au rasoir ou avec la lame d'un couteau.

Déposez les baguettes délicatement sur la plaque. Faites cuire pendant 20 à 25 minutes.

Pain Pletzel

Préparation : 20 minutes Repos : 1 h 30 Cuisson : 15 à 20 minutes
Pour 4 petits pains ou Pletzel

- 25 g de levure de boulanger fraîche
- 20 cl d'eau tiède
- 35 g de sucre
- 500 g de farine T55
- 1 cuil. à café de sel fin
- 1 œuf
- 5 cl d'huile d'olive
- 1 oignon ou des olives noires concassées
- 1 jaune d'œuf pour la dorure
- 25 g de graines de pavot
- Gros sel

Dans un bol, délayez la levure dans 10 cl d'eau tiède, ajoutez la moitié du sucre, mélangez et laissez le levain se développer pendant 5 minutes jusqu'à ce qu'il devienne bien mousseux.

Dans un cul-de-poule ou dans la cuve d'un robot muni d'un crochet, versez la farine, le sel, le reste de sucre. Formez un puits puis ajoutez le levain, l'œuf, le restant d'eau et l'huile. Pétrissez (à petite vitesse au robot) pendant 5 à 8 minutes pour obtenir une pâte homogène.

Déposez la pâte dans un plat légèrement huilé, recouvrez d'un torchon propre et laissez pousser à température ambiante (25 °C ou dans le four à 40 °C (th. 1) avec la porte entrebâillée) pendant 1 heure. La pâte doit doubler de volume.

Pelez et hachez grossièrement l'oignon.

Travaillez la pâte quelques minutes pour chasser l'air, divisez-la en 4, façonnez des boules puis étendez-les sur un plan de travail légèrement fariné pour obtenir des ronds de 12 cm de diamètre environ et de 1 cm d'épaisseur.

Déposez les ronds de pâte sur une plaque de cuisson légèrement graissée, badigeonnez-les d'un mélange de jaune d'œuf et d'un peu d'eau. Laissez lever à température ambiante (25 °C) pendant 30 minutes. Badigeonnez à nouveau d'œuf puis parsemez d'oignon ou d'olives et de graines de pavot. Ajoutez quelques gouttes d'huile d'olive et quelques grains de gros sel.

Préchauffez le four à 180 °C (th. 6). Faites cuire 15 à 20 minutes pour qu'ils soient joliment dorés.

Pain à hot dog, bun à burger et pain brioché

Préparation : 30 minutes Repos : 1 h 45
Cuisson : 10 à 15 minutes Pour 6 pains

- 20 g de levure de boulanger fraîche ou ½ sachet de levure de boulanger sèche (en supermarché)
- 15 cl de lait
- 430 g de farine
- ½ cuil. à café de sel
- 30 g de sucre
- 1 œuf entier
- 20 g de beurre mou coupé en dés
- 1 œuf pour la dorure
- 1 cuil. à soupe de sésame blanc ou noir
- Beurre et farine pour la plaque de cuisson

Délayez la levure dans le lait tiède. Dans une jatte, mélangez la farine, le sel et le sucre. Faites un puits et déposez l'œuf battu et la levure délayée. Pétrissez bien pour obtenir une pâte homogène. Ajoutez les dés de beurre et pétrissez à nouveau pour amalgamer la pâte. Formez une boule de pâte et farinez-la légèrement. Faites lever la pâte à température ambiante pendant 1 heure. Dégazez la pâte avec le poing.

Pour des hot-dogs, partagez la pâte en 6 parts égales et formez 6 boudins de 15 cm de long et 2,5 cm d'épaisseur environ. Déposez les boudins sur une plaque de cuisson beurrée et farinée. Laissez à nouveau gonfler la pâte pendant 45 minutes à température ambiante. Lorsque les pains ont doublé de volume, dorez-les d'un peu d'œuf battu.

Pour les buns, partagez la pâte en 6 et formez 6 boules de taille équivalente. Déposez-les sur une plaque de cuisson beurrée et farinée. Laissez à nouveau gonfler la pâte pendant 45 minutes à température ambiante. Lorsque les pains ont doublé de volume, dorez-les d'un peu d'œuf battu et saupoudrez-les de graines de pavot ou de sésame.

Pour les pains briochés, partagez la pâte en 4 et formez 4 boules de taille équivalente. Déposez-les sur une plaque de cuisson beurrée et farinée. Pressez légèrement les boules avec la paume de la main pour les aplatir. Laissez à nouveau gonfler la pâte pendant 45 minutes à température ambiante. Lorsque les pains ont doublé de volume, dorez-les d'un peu d'œuf battu et saupoudrez-les de graines de sésame.

Préchauffez le four à 180 °C (th. 6) et faites-les cuire 10 à 15 minutes, puis faites-les refroidir sur une grille.

Pain de mie

Préparation : 20 minutes Repos : 1 h 45 Cuisson : 40 minutes

15 g de levure de boulanger fraîche

18 cl de lait

450 g de farine T55

1 cuil. à soupe de sucre

12 cl d'eau

1 cuil. à café de sel fin

30 g de beurre mou coupé en dés

USTENSILE

1 moule à pain de mie

Délayez la levure dans 2 cuil. à soupe de lait tiède.

Dans le bol du robot, mélangez la moitié de la farine, la levure délayée et le sucre. Ajoutez ensuite le reste du lait et l'eau. Mélangez à vitesse lente, puis ajoutez petit à petit le reste de la farine en augmentant la vitesse au fur et à mesure.

Lorsque la pâte se décolle des parois de la cuve, ajoutez le sel et pétrissez à nouveau 10 minutes à vitesse moyenne jusqu'à ce que la pâte soit lisse et souple. Ajoutez le beurre petit à petit et continuez à pétrir jusqu'à ce qu'elle devienne élastique.

Formez une boule de pâte et transvasez-la dans un saladier bien huilé. Laissez reposer 1 heure environ à température ambiante pour qu'elle double de volume.

Dégazez la pâte. Formez une boule sur le plan de travail. À la main, étalez-la pour former un cercle un peu plus long que la longueur de votre moule. Roulez le cercle sur lui-même pour former un boudin. Repliez les extrémités du boudin sur la partie soudée de la pâte. Repliez la pâte sur elle-même pour la resserrer, scellez-la bien avec la tranche de votre main, puis déposez-la dans le moule à pain de mie préalablement beurré.

Faites pousser le pain 45 minutes environ.

Préchauffez le four à 180 °C (th. 6). Faites cuire 30 minutes puis retirez le pain du moule, déposez-le sur une plaque de cuisson et terminez la cuisson pendant 10 minutes de plus.

Laissez complètement refroidir sur une grille avant de trancher.

Pain à pan-bagnat

Préparation : 20 minutes Repos : 1 h 40 Cuisson : 15 minutes
Pour 4 gros pains de 200 g ou 6 plus petits

- 500 g de farine
- 5 g de levure déshydratée
- 1 cuil. à café de sucre en poudre
- 1 cuil. à café de sel
- 15 cl de lait
- 15 cl d'eau
- 4 olives noires concassées (optionnel)
- 2 cuil. à soupe d'huile d'olive

Dans un robot, mélangez la farine avec la levure déshydratée, le sucre, le sel, le lait tiède et l'eau. Mélangez à vitesse lente puis à vitesse moyenne jusqu'à ce que la pâte soit bien souple et encore légèrement collante.

Laissez pousser 1 heure. Dégazez et divisez la pâte en 4. Ajoutez les olives concassées et façonnez des boules, placez-les sur une plaque recouverte de papier sulfurisé et laissez pousser 20 minutes de plus. Aplatissez pour que chaque pain fasse 1,5 cm de hauteur. Laissez à nouveau pousser pendant 20 minutes. Badigeonnez d'huile d'olive. Saupoudrez d'un peu de farine. Enfournez à 200 °C (th. 6/7) pendant 15 minutes.

Pâte à pizza

Préparation : 15 minutes Pousse : 1 heure Cuisson : 20 minutes
Pour 2 pizzas

12 g de levure de boulanger fraîche

2,5 cl de lait

250 g de farine fluide

12 cl d'eau à température ambiante

7 g de sel

2,5 cl d'huile d'olive

Délayez la levure dans le lait tiédi.

Dans la cuve d'un batteur, mélangez à vitesse lente la farine, l'eau et le sel. Versez la levure délayée et l'huile d'olive. Pétrissez à vitesse moyenne jusqu'à l'obtention d'une pâte homogène. Recouvrez la pâte d'un torchon humide. Laissez reposer 1 heure environ près d'une source chaude, puis étalez la pâte et garnissez la pizza selon votre souhait.

Faites cuire 20 minutes à 220 °C (th. 7/8).

Focaccia

Préparation : 30 minutes Repos : 1 h 45 Cuisson : 20 à 30 minutes
Pour une plaque de focaccia de 30 cm x 40 cm,
soit 8 focaccias environ

15 g de levure de boulanger fraîche

33 cl d'eau

525 g de farine T65

1 cuil. à café de sel

½ cuil. à café de sucre en poudre

6 cl d'huile d'olive vierge extra + 1 filet

½ cuil. à café de fleur de sel

Délayez la levure dans 2 cuil. à soupe d'eau tiède.

Mélangez la farine, le sel et le sucre dans le bol d'un robot muni d'un pétrin. Ajoutez la levure délayée, le reste de l'eau et l'huile. Mélangez bien à vitesse lente jusqu'à ce que la pâte se décolle des bords de la cuve (4 à 5 minutes). Laissez reposer 15 minutes à température ambiante puis passez à vitesse moyenne jusqu'à obtenir une pâte élastique.

Boulez la pâte et déposez-la dans un grand saladier huilé. Laissez pousser 1 heure dans un endroit tiède jusqu'à ce qu'elle double de volume.

Huilez une plaque de cuisson. Étalez la pâte en rectangle et transférez-la sur la plaque de cuisson. Aplatissez-la pour qu'elle soit uniforme. Recouvrez d'un torchon propre et laissez pousser encore 30 minutes pour que la pâte double de volume.

Préchauffez le four à 220 °C (th. 7/8).

Enfoncez légèrement la pâte avec votre doigt sur toute sa surface. Arrosez d'un filet d'huile d'olive et saupoudrez de fleur de sel.

Enfournez pour 20 à 30 minutes.

Ciabatta

Préparation : 20 minutes Repos : 12 heures
Pousse : 3 heures Cuisson : 20 minutes
Pour 6 à 8 ciabattas

POUR LE LEVAIN À FAIRE LA VEILLE

2 g de levure de boulanger fraîche

18 cl d'eau

230 g de farine T65

POUR LA PÂTE

6 g de levure de boulanger fraîche

5 cl d'eau

400 g de farine T65

20 cl de lait

5 cl d'huile d'olive

1 cuil. à café bombée de sel

La veille, délayez la levure avec l'eau tiède, versez dans la farine, mélangez bien. Couvrez d'un film et laissez au minimum pendant 12 heures à température ambiante.

Le lendemain, délayez le reste de levure dans l'eau. Dans le bol d'un robot, versez la farine, le levain, la levure délayée, le lait et l'huile d'olive. Ajoutez le sel. Mélangez à vitesse lente pour amalgamer tous les ingrédients puis laissez 6 à 8 minutes jusqu'à ce que la pâte prenne de la force. Décollez la pâte des bords de la cuve, elle doit être encore un peu collante. Couvrez d'un film et laissez lever à température ambiante (environ 30 °C) jusqu'à ce que la pâte double de volume (environ 1 heure 30).

Huilez-vous les mains et étalez la pâte à la main sur le plan de travail en formant un rectangle de 30 cm x 40 cm environ. Coupez-la en 8 ciabattas. Réétalez un peu à la main chaque ciabatta et déposez-les sur une plaque de cuisson. Farinez légèrement et laissez pousser 1 heure 30 de plus.

Préchauffez le four à 240 °C (th. 8). Posez un bol d'eau à l'intérieur, ou faites cuire en fonction vapeur pendant 5 minutes, puis baissez à 210 °C (th. 7) pendant 15 minutes de plus pour que les ciabattas soient bien dorées et gonflées. Laissez refroidir complètement avant de trancher.

Panini

Préparation : 15 minutes Repos : 2 h 20 Cuisson : 10 minutes
Pour 4 à 6 paninis

20 g de levure de boulanger fraîche

15 cl de lait

500 g de farine T65

1 cuil. à café de sel

15 cl d'eau

2 cuil. à soupe d'huile d'olive

Dans un bol, diluez la levure avec le lait légèrement tiédi.

Dans le bol d'un robot muni d'un crochet, versez la farine et le sel, creusez un puits et ajoutez la levure diluée, l'eau et l'huile. Pétrissez petit à petit pour obtenir une boule de pâte.
Tapez votre boule de pâte contre le fond du cul-de-poule pour bien travailler le gluten et l'élasticité de la pâte. Faites-le pendant 3 ou 4 minutes.

Façonnez une belle boule de pâte, posez un torchon propre sur votre cul-de-poule, laissez pousser 2 heures dans une pièce à 25 °C (ou dans le four à chaleur tournante à 40 °C (th. 1/2) avec la porte entrebâillée).

Chassez les bulles d'air de la pâte en la travaillant quelques secondes. Divisez la pâte en 4. Façonnez 6 petites baguettes allongées. Badigeonnez-les d'eau froide.

Faites à nouveau pousser la pâte à découvert dans une pièce à 25 °C, ou près d'une source de chaleur, pendant 20 minutes.

Préchauffez votre four à 180 °C (th. 6), badigeonnez à nouveau les paninis avec un peu d'eau. Enfournez pour 10 minutes, les pains doivent être cuits mais rester pâles.

Bagel

Préparation : 30 minutes Repos : 1 h 40 Cuisson : 10 minutes
Pour une vingtaine de bagels

10 g de levure de boulanger sèche (en sachet)

20 cl d'eau tiède

1 cuil. à soupe de sucre

550 g de farine

2 cuil. à café rases de sel

2 cuil. à soupe d'huile

1 œuf battu

5 cl de lait

Graines de sésame blanc ou noir, graines de pavot

Préparez le levain en mélangeant dans un bol la levure avec l'eau tiède. Lorsqu'elle est bien dissoute, ajoutez le sucre puis un tiers de la farine et mélangez à nouveau. Faites lever le levain 20 minutes dans un endroit tiède.

Ajoutez le reste de la farine, le sel, l'huile et l'œuf battu. Mélangez pendant 5 minutes pour que la pâte soit bien souple. Si vous sentez qu'elle est sèche, ajoutez un peu d'eau tiède. Mélangez jusqu'à ce que la pâte se décolle bien des bords du bol. Placez un linge sur le bol et laissez pousser la pâte pendant 1 heure à 25 °C (ou dans le four à 40 °C (th. 1 /2) en chaleur tournante avec la porte entrebâillée). Elle doit doubler de volume.

Quand la pâte est levée, divisez-la en 20 boules. Allongez chaque boule en un boudin d'environ 20 cm de long. Formez alors un anneau et scellez les 2 extrémités avec un peu d'eau tiède. Placez les anneaux sur une feuille de papier sulfurisé et laissez lever encore 20 minutes dans un endroit tiède.

Faites chauffer un grand volume d'eau dans une casserole. Portez à ébullition. Faites cuire chaque bagel 2 minutes de chaque côté. Retirez-les avec une écumoire, laissez-les s'égoutter sur une planche puis placez sur la plaque du four légèrement farinée.

Préchauffez le four à 240 °C (th. 8).

Badigeonnez les bagels de lait avec un pinceau, puis saupoudrez-les de graines. Faites cuire 10 minutes au four, puis tournez-les et faites cuire à nouveau quelques minutes pour que les bagels soient légèrement dorés. Sortez les bagels et faites-les refroidir sur une grille.

Pain Dürüm

Préparation : 20 minutes Repos : 50 minutes Cuisson : 20 minutes
Pour 4 pains Dürüm

15 g de levure de boulanger fraîche
20 cl d'eau tiède
400 g de farine T55
½ cuil. à café de sel fin
1 cuil. à café d'huile de tournesol

Préparez le pain Dürüm en délayant la levure dans 5 cl d'eau tiède. Laissez mousser pendant 5 minutes.

Dans un cul-de-poule ou dans la cuve d'un robot, versez la farine et le sel. Formez un puits et ajoutez la levure délayée et l'huile. Travaillez la pâte en vitesse lente en ajoutant l'eau restante petit à petit. Travaillez la pâte 10 minutes pour qu'elle devienne souple et qu'elle ne colle plus.

Déposez la pâte dans un bol propre, recouvrez-la d'un torchon et laissez-la pousser 45 minutes à température ambiante (25 °C) ou dans le four à chaleur tournante à 30 °C (th. 1) avec la porte entrouverte.

Pétrissez la pâte rapidement pour retirer les bulles d'air, divisez-la en 4. Étalez chaque boule très finement (2 à 3 mm d'épaisseur) au rouleau à pâtisserie. Déposez sur une plaque de cuisson légèrement huilée. Faites de même avec les boules restantes. Faites cuire 10 minutes puis retournez et faites cuire 10 minutes de plus de l'autre côté. La pâte doit légèrement gonfler.

Pain noir multicéréales

Préparation : 30 minutes Pousse : 2 heures Cuisson : 40 minutes

40 g de graines de lin

20 g de graines de tournesol

2 sachets de levure déshydratée

30 cl d'eau tiède pour la pâte + un peu d'eau pour les graines

250 g de farine de blé complète

150 g de farine de seigle complète

8 g de sel

75 g de flocons d'avoine

20 g de graines de millet

USTENSILE

1 moule à cake de 22 cm environ

La veille, faites tremper les graines de lin et les graines de tournesol dans de l'eau tiède.

Le jour J, laissez-les égoutter 10 minutes.

Délayez la levure dans 2 cuil. à soupe d'eau tiède.

Dans la cuve d'un robot, mélangez les farines, le sel et les flocons d'avoine. Versez la levure déshydratée et le reste d'eau tiède et mélangez à vitesse moyenne pendant 10 minutes jusqu'à l'obtention d'une pâte homogène.

Versez les graines dans la pâte. Mélangez à nouveau 1 minute. Couvrez d'un linge légèrement humide et laissez pousser 1 heure environ à température ambiante (26 à 28 °C) ou dans le four à 30 °C (th. 1). La pâte doit doubler de volume. Si ce n'est pas le cas, attendez plus longtemps.

Lorsque la pâte est bien levée, retravaillez-la à la main pour chasser les bulles d'air.

Façonnez la pâte en boudin puis déposez-la dans le moule légèrement fariné. Couvrez d'un linge légèrement humide et laissez pousser à nouveau 1 heure à température ambiante (26 à 28 °C) ou dans le four à 30 °C (th. 1).

Préchauffez votre four à 250 °C (th. 8/9). Enfournez le pain, jetez ½ verre d'eau sur la sole du four. Laissez cuire 10 minutes puis baissez le four à 200 °C (th. 6/7) et poursuivez la cuisson 30 minutes jusqu'à ce qu'il soit bien doré.

Laissez refroidir 15 minutes avant de retirer du moule puis laissez refroidir complètement sur une grille.

Pain de seigle

Préparation : 20 minutes Pousse : 2 heures
Cuisson : 25 à 30 minutes

POUR LA POOLISH

- 10 g de levure de boulanger fraîche
- 10 g de sucre
- 10 cl d'eau tiède
- 100 g de farine T55

POUR LA PÂTE À PAIN

- 20 cl d'eau tiède
- 400 g de farine de seigle
- 100 g de farine de blé T55
- 10 g de sel

Préparez la poolish en mélangeant la levure, le sucre et l'eau tiède. Puis ajoutez la farine et laissez pousser 30 minutes minimum. Elle doit être mousseuse et doubler de volume.

Lorsque la poolish est prête, versez-la dans la cuve d'un robot muni du pétrisseur et délayez-la avec l'eau. Incorporez les farines et le sel. Travaillez la pâte à vitesse lente pendant 5 minutes puis à vitesse rapide pendant 5 minutes de plus.

Posez la pâte sur le plan de travail puis façonnez-la en boule. Déposez-la dans la cuve du robot légèrement farinée. Filmez et laissez pousser 45 minutes à température ambiante (25 à 30 °C) ou dans le four à 30 °C (th. 1).

Lorsque la pâte a augmenté d'un tiers, rabattez-la sur le plan de travail en chassant l'air et façonnez-la en boule. Déposez-la sur une feuille de papier sulfurisé.

Incisez la pâte en croix avec un couteau bien tranchant et laissez à nouveau pousser pendant 45 minutes jusqu'à ce que la pâte pousse d'un tiers. Placez une plaque de cuisson dans le four et préchauffez le four à 220 °C (th. 7/8).

Déposez le papier sulfurisé et la boule sur la plaque de cuisson. Farinez légèrement la pâte.

Placez un récipient d'eau sur la plaque et faites cuire 25 à 30 minutes selon la taille du pain.

Déposez le pain cuit sur une grille et laissez refroidir complètement.

Les différents pains

Les pains cuits à la poêle

Pain polaire

Préparation : 20 minutes Repos : 2 h 30 Cuisson : 20 minutes
Pour 6 petits pains polaires

- 250 g de farine T65
- 1 sachet de levure boulangère déshydratée
- 12 cl d'eau tiède
- 40 g de yaourt brassé au lait de brebis
- ½ cuil. à café de sel
- ½ cuil. à café de sucre

Dans le bol d'un robot muni d'un crochet, mélangez la farine, la levure, l'eau, le yaourt, le sel et le sucre. Pétrissez en vitesse lente jusqu'à ce que le mélange soit homogène.

Laissez reposer la pâte pendant 2 heures sous un torchon propre à température ambiante. Dégazez la pâte puis étalez-la sur un plan de travail fariné sur une épaisseur de 0,5 cm et découpez 6 cercles avec un emporte-pièce de 10 cm de diamètre ou un bol retourné.

Placez les cercles sur une plaque garnie de papier sulfurisé. Piquez-les à la fourchette et laissez-les pousser 30 minutes à température ambiante.

Faites chauffer une poêle à sec, déposez un cercle de pâte, face trouée en dessous. Piquez la face non trouée avec votre fourchette et laissez dorer des 2 côtés.

Pain pita

Préparation : 20 minutes Repos : 1 h 50 Cuisson : 20 minutes
Pour 8 pitas

- 1 sachet de levure de boulanger déshydratée
- 25 cl d'eau tiède
- 360 g de farine T55
- 1 cuil. à café rase de sel fin
- 2 cuil. à soupe d'huile d'olive

Dans le bol d'un robot muni d'un crochet, versez la levure, l'eau tiède et la moitié de la farine. Pétrissez à vitesse lente pendant 2 minutes puis laissez pousser pendant 15 minutes.

Ajoutez le sel, l'huile et le reste de farine. Travaillez à vitesse moyenne pendant 10 minutes environ. Couvrez la pâte d'un torchon propre et laissez pousser 1 heure à température ambiante.

Dégazez la pâte et coupez-la en 8 pâtons. Faites des boules de pâte et déposez-les sur une plaque légèrement huilée. Laissez pousser 30 minutes de plus.

Étalez chaque boule en une galette de 12 cm environ de diamètre. Laissez à nouveau reposer 5 minutes puis faites cuire chaque pita à sec dans une poêle antiadhésive 2 minutes environ de chaque côté.

Lavash

Préparation : 20 minutes Repos : 1 h 10 Cuisson : 20 minutes
Pour 8 pains

- 12 g de levure de boulanger fraîche
- 20 g de sucre
- 250 g de farine T55
- 150 g de farine T110
- 1 cuil. à café rase de sel
- 125 g de yaourt nature
- 1 trait d'huile d'olive

Délayez la levure dans 2 cuil. à soupe d'eau tiède, ajoutez la moitié du sucre et mélangez bien. Laissez reposer 10 minutes.

Dans la cuve d'un robot muni d'un crochet, mélangez les farines, le sel et le reste de sucre. Ajoutez la levure délayée et le yaourt nature. Pétrissez à vitesse lente puis moyenne pendant 10 minutes. Déposez la pâte dans une jatte légèrement huilée, laissez pousser pendant 1 heure à température ambiante. Recouvrez la jatte d'un torchon propre.

Lorsque la pâte a bien gonflé, dégazez-la. Puis coupez-la en 8 pâtons. Étalez chaque pâton finement sur une plaque légèrement huilée.

Faites cuire les pains à sec 2 minutes de chaque côté dans une poêle antiadhérente.

Tortilla de blé

Préparation : 20 minutes Repos : 1 heure Cuisson : 20 minutes
Pour 10 tortillas environ

300 g de farine
1 cuil. à café de sel fin
1 pincée de sucre
18 cl de lait tiède
5 cl d'huile de tournesol
½ sachet de levure chimique

Dans une jatte, mélangez la farine, le sel et le sucre. Faites un puits, versez le lait et l'huile. Pétrissez 5 minutes puis couvrez d'un torchon propre et laissez reposer 1 heure.

Séparez la pâte en 10 portions égales. Étalez très finement chaque boule de pâte en tortilla.

Faites chauffer une poêle à sec, faites cuire une tortilla jusqu'à l'apparition d'une bulle puis retournez-la et laissez cuire quelques instants de l'autre côté. Enchaînez avec les tortillas restantes. Pour garder les tortillas souples, couvrez-les rapidement d'un couvercle et gardez-les au chaud et à l'humidité.

Les différents pains
Les pains frits

Fricassé

Préparation : 30 minutes Repos : 3 heures Cuisson : 5 minutes
Pour 10 fricassés

5 g de levure de boulanger fraîche

1 cuil. à café bombée de sucre

250 g de farine

½ cuil. à café de sel

1 œuf

7 cl d'huile d'olive

De l'huile de friture (arachide)

Délayez la levure dans 15 cl d'eau tiède avec le sucre. Ajoutez 2 cuil. de farine, mélangez bien, couvrez d'un linge et laissez reposer 1 heure.

Disposez le reste de farine et le sel dans un grand saladier. Creusez un puits au milieu et versez-y l'œuf, l'huile d'olive et le levain. Pétrissez jusqu'à ce que vous arriviez à former une boule, puis recouvrez d'un torchon propre. Faites lever la pâte 1 heure à température ambiante.

Pétrissez légèrement la pâte puis façonnez des boulettes d'environ 5 cm de diamètre. Posez-les sur un plan de travail légèrement fariné en les espaçant bien. Couvrez d'un torchon et laissez lever 1 heure de plus.

Faites chauffer l'huile à 160 °C et faites frire quelques petits pains jusqu'à ce qu'ils soient bien dorés des deux côtés. Égouttez-les sur du papier absorbant.

Gordita

Préparation : 15 minutes Cuisson : 5 minutes
Pour 8 pains

350 g de farine de maïs

70 g de farine de blé

1 sachet de levure chimique

1 pincée de sel fin

28 cl d'eau tiède

De l'huile de friture (pépins de raisin ou arachide)

Mélangez la farine de maïs, la farine de blé, la levure chimique et le sel. Délayez petit à petit avec l'eau pour obtenir une boule de pâte non collante. Divisez la pâte en 8 boules de taille équivalente. Aplatissez les boules pour obtenir des galettes de 10 cm de diamètre et 1 cm d'épaisseur environ.

Faites chauffer de l'huile de friture à 190 °C. Faites cuire les galettes quelques minutes : elles doivent être gonflées et dorées. Retirez-les et faites-les refroidir sur du papier absorbant. Faites une entaille sur le côté des petits pains pour obtenir une poche à garnir.

250mL
150mL
Shaker
1 oz. Honey
1 oz. Molasses
1 oz. White Wine
Vinegar
1 oz. Ketchup

Les sauces

Beurres parfumés

Tous ces beurres peuvent être utilisés pour agrémenter le traditionnel sandwich jambon-beurre. Mais ils peuvent également accompagner des pièces de viandes grillées ou des poissons vapeur.

Beurre miel-moutarde : Mélangez 125 g de beurre pommade doux avec 1 cuil. à soupe de miel non chauffé (type miel de thym ou toutes fleurs) et 1 cuil. à café de moutarde à l'ancienne. Laissez reprendre au froid avant de tartiner.

Beurre aux algues : Mélangez 125 g de beurre pommade doux avec 1 cuil. à soupe de tartare d'algues et 1 pointe de couteau de raifort. Laissez reprendre au froid avant de tartiner.

Beurre aux anchois et aux olives : Mélangez 125 g de beurre pommade avec ½ gousse d'ail écrasée, une dizaine d'olives noires hachées finement et 2 filets d'anchois au sel coupés en petits morceaux. Laissez reprendre au froid avant de tartiner.

Beurre nori : Mélangez 125 g de beurre pommade doux avec 2 cuil. à café de graines de sésame blanc torréfiées, 1 pincée de fleur de sel et 1 cuil. à soupe de paillettes d'algues nori. Laissez reprendre au froid avant de tartiner.

Beurre aux cranberries : Mélangez 125 g de beurre doux avec 1 pincée de sel, 10 cranberries hachées finement et 12 cerneaux de noix. Ajoutez 1 pointe de sirop d'érable. Poivrez. Laissez reprendre au froid avant de tartiner.

Beurre à la truffe : Mélangez 125 g de beurre pommade avec 2 cuil. à soupe de brisures de truffe, 1 bonne pincée de fleur de sel et 1 pincée de poivre. Laissez reprendre au froid avant de tartiner.

Beurre aux poivres : Mélangez 125 g de beurre pommade avec ½ cuil. à café rase de poivre noir de Madagascar concassé et ½ cuil. à café rase de poivre blanc de Penja. Salez à la fleur de sel. Laissez reprendre au froid avant de tartiner.

Beurre au paprika (voir recette jambon-beurre p. 13)

Beurre aux herbes (voir recette jambon-beurre p. 13)

Beurre aux agrumes (voir recette jambon-beurre p. 13)

Mayonnaise maison

Préparation : 10 minutes Pas de cuisson

1 jaune d'œuf à température ambiante

1 cuil. à café de moutarde

1 cuil. à soupe de jus de citron

15 cl d'huile neutre (tournesol ou colza)

Sel, poivre

Mélangez le jaune d'œuf et la moutarde. Ajoutez le jus de citron. Salez, poivrez. Petit à petit, versez l'huile d'olive en filet et mélangez au fouet, jusqu'à obtenir une belle émulsion et une mayonnaise ferme.

QUELQUES VARIANTES

Mayonnaise au curry : Ajoutez 1 cuil. à café de curry en poudre après avoir ajouté l'huile.

Mayonnaise aux herbes fraîches : Ajoutez 1 cuil. à soupe d'un mélange de persil et d'estragon ciselés.

Toum libanais : mayonnaise à l'ail

Préparation : 10 minutes Cuisson : 10 à 15 minutes

20 gousses d'ail
1 cuil. à café de sel
35 cl d'huile de tournesol
Le jus d'un ½ citron

Épluchez les gousses d'ail, coupez-les en 2 pour retirer le germe et faites-les cuire dans l'eau bouillante pendant 10 à 15 minutes. Égouttez-les puis mixez-les très finement au mixeur plongeant avec le sel jusqu'à obtenir une purée. Ajoutez l'huile petit à petit en continuant à mixer jusqu'à ce que la sauce soit bien ferme. À la fin, ajoutez le jus de citron et continuez à mixer.

Ajvar

Préparation : 5 minutes   Cuisson : 15 minutes

½ aubergine coupée dans la longueur
1 poivron rouge
1 poivron jaune
½ petit piment rouge
1 gousse d'ail
2 cuil. à soupe d'huile d'olive

Préchauffez le four à 200 °C (th. 6/7).

Faites des incisions en quadrillage dans l'aubergine côté chair. Déposez-la côté peau sur la plaque du four, ajoutez les poivrons et le piment, et faites-les griller pendant 15 minutes environ.

Lorsque les poivrons et le piment sont bien grillés, placez-les dans un sac en plastique hermétique pour que la peau se décolle. Retirez la peau lorsqu'ils sont devenus tièdes.

Lorsque l'aubergine est grillée, sortez-la du four et prélevez la chair à l'aide d'une cuillère.

Mixez ensemble la chair de l'aubergine, la chair des poivrons et du piment, la gousse d'ail pelée et l'huile d'olive. Si la sauce a une consistance trop ferme, ajoutez un peu d'huile d'olive. Servez-la froide.

Ketchup maison

Préparation : 15 minutes Cuisson : 40 minutes

- 1 kg de tomates pelées et épépinées (en boîte ou fraîches de préférence)
- 1 oignon blanc émincé finement
- 4 gousses d'ail émincées finement
- 2 cuil. à soupe d'huile de colza
- 1 pincée de piment d'Espelette en poudre
- ½ cuil. à soupe de paprika en poudre
- 1 pincée de cannelle en poudre
- 1 pincée de mélange 5 épices
- 1 cuil. à soupe de concentré de tomates
- 100 g de cassonade
- 12 cl de vinaigre de cidre
- Sel, poivre

Mixez finement les tomates pelées.

Dans une casserole, faites revenir l'oignon et l'ail dans l'huile jusqu'à ce qu'ils soient bien blonds. Salez, poivrez, ajoutez les épices. Faites chauffer les épices en remuant pendant 1 minute. Ajoutez la purée de tomates, le concentré, la cassonade et le vinaigre. Faites réduire à feu doux pendant 30 minutes.

Mixez à nouveau finement, puis laissez refroidir pour développer le goût. Conservez dans une bouteille.

Truc en plus : vous pouvez conserver ce ketchup au frais pendant un mois et ajouter quelques gouttes de Tabasco® si vous l'aimez relevé.

Banana ketchup

Préparation : 15 minutes   Cuisson : 1 heure

- 100 g de raisins secs moelleux
- 1 oignon blanc doux
- 2 gousses d'ail pelées et écrasées
- 1 cuil. à soupe de concentré de tomate
- 4 grosses bananes très mûres pelées et coupées en rondelles
- 20 cl de vinaigre de cidre
- 30 cl d'eau
- 100 g de cassonade
- 1 cuil. à café de sel
- ½ cuil. à café de piment d'Espelette
- 1 cuil. à soupe de sirop d'érable
- 1 cuil. à café de cannelle en poudre
- 1 cuil. à café de noix de muscade en poudre

Mixez finement les raisins, l'oignon, les gousses d'ail, le concentré de tomate et les bananes avec le vinaigre. L'ensemble doit être réduit en purée fine. Placez la purée dans une casserole, ajoutez l'eau, la cassonade, le sel, le piment et le sirop d'érable. Mélangez bien, portez à petits bouillons et faites cuire à feu doux pendant 1 heure.
En fin de cuisson, ajoutez les épices. Laissez refroidir.
Dégustez avec du poulet grillé ou des crevettes sautées.

Sauce BBQ

Préparation : 15 minutes Cuisson : 1 heure

- 1 gousse d'ail
- 1 oignon
- 1 cuil. à soupe d'huile d'olive
- 200 g de ketchup maison (voir recette p. 136)
- 100 g de miel
- 100 g de cassonade
- 50 g de sauce Worcestershire
- 3 cuil. à soupe de paprika
- 1 cuil. à soupe de piment de Cayenne en poudre
- Sel, poivre

Pelez et émincez finement l'ail et l'oignon. Faites-les revenir dans l'huile d'olive. Lorsqu'ils sont bien moelleux, ajoutez les autres ingrédients et faites cuire à feu doux pendant 1 heure en remuant de temps en temps.

Laissez refroidir la sauce et conservez-la dans une bouteille au réfrigérateur.

QUELQUES VARIANTES DE SAUCES BBQ ORIGINALES

Sauce BBQ Texas : Ajoutez 20 cl de bière américaine dont vous aurez enlevé les bulles en la secouant bien au préalable.

Sauce BBQ du Vermont : Remplacez le miel et la moitié de la cassonade par l'équivalent en sirop d'érable.

Sauce BBQ aigre-douce : Ajoutez 10 cl de vinaigre de cidre et 10 cl de jus de pomme aux autres ingrédients. Ajoutez également 1 cuil. à soupe de moutarde forte.

Sauce BBQ au gingembre : Mélangez ensemble 125 g de coulis de tomates, 5 cl de sauce soja, 5 cl de vinaigre de vin blanc et 5 cl de sauce tomate. Ajoutez 1 cuil. à soupe de cassonade, 1 cuil. à soupe d'ail émincé, 1 cuil. à café de sauce Worcestershire, 1 cuil. à café de gingembre en poudre, 1 cuil. à café de poivre noir moulu, 1 cuil. à café de sel de céleri et 1 cuil. à café de moutarde forte. Mélangez bien et faites cuire à petits bouillons pendant 15 minutes.

Sauce Thousand Island

Préparation : 10 minutes

20 cl de mayonnaise (voir recette p. 131), 1 oignon doux émincé, 2 cuil. à soupe de ketchup (voir recette p. 136), 2 cuil. à soupe de pickles relish de cornichons doux/concombres doux (voir recette p. 143), 1 cuil. à café de jus de citron, ½ cuil. à café de paprika doux, ¼ cuil. à café de sel fin

Mélangez l'ensemble des ingrédients.

Sauce tahini

Préparation : 10 minutes

300 g de yaourt brassé, 2 cuil. à soupe de tahini, 2 cuil. à café de gomasio, 2 cuil. à café d'huile d'olive, 1 cuil. à soupe de jus de citron, 1 pincée de piment de Cayenne, le zeste fin d'un citron bio, sel, poivre

Mélangez l'ensemble des ingrédients.

Sauce Tonkatsu

Préparation : 10 minutes

1 cuil. à soupe de graines de moutarde en poudre, 20 cl de ketchup (voir recette p. 136), 5 cl de sauce Worcestershire, 4 cuil. à soupe de sauce soja salée

Mélangez la moutarde en poudre avec 2 cuil. à soupe d'eau tiède puis ajoutez les autres ingrédients et mélangez bien.

Les condiments

Pesto de roquette

Préparation : 10 minutes

50 g de roquette, 30 g de pignons de pin, 40 g de parmesan en poudre, 10 cl d'huile d'olive, ½ gousse d'ail

Mixez finement l'ensemble des ingrédients jusqu'à obtenir la consistance d'un pesto.

Si vous souhaitez le conserver, recouvrez toujours le pesto d'un filet d'huile d'olive pour éviter qu'il sèche.

Pesto rosso de tomates séchées

Préparation : 10 minutes

150 g de tomates séchées, 80 g d'amandes torréfiées, 80 g de parmesan en poudre, 20 cl d'huile d'olive, 1 gousse d'ail pelée, 1 pincée de poivre, 1 pincée de sel

Mixez finement l'ensemble des ingrédients jusqu'à obtenir la consistance d'un pesto.

Pesto d'artichauts

Préparation : 10 minutes

125 g de fonds d'artichauts cuits au naturel, 80 g de pignons de pin torréfiés, 80 g de parmesan en poudre, 15 cl d'huile d'olive, 1 gousse d'ail pelée, 1 pincée de poivre, 1 pincée de sel

Mixez finement l'ensemble des ingrédients jusqu'à obtenir la consistance d'un pesto.

Pickles de concombre maison

Préparation : 20 minutes Repos : 4 heures Cuisson : 10 minutes
Pour 1 bocal de 300 g de pickles

- 200 g de tranches fines de concombre Kirby (gros cornichon) avec la peau
- 50 g d'oignon blanc ciselé
- 1 cuil. à soupe de sel
- 12 cl de vinaigre blanc
- 30 g de sucre blanc
- 1 cuil. à café de Maïzena® diluée dans 1 cuil. à café d'eau tiède

Mélangez le concombre et l'oignon. Placez les légumes sur un chinois ou dans une passoire et saupoudrez de sel. Faites dégorger les légumes pendant 2 heures pour qu'ils se vident de leur eau. Remuez régulièrement.

Dans une grande casserole, faites chauffer ensemble le vinaigre, le sucre et 1 pincée de sel. Remuez bien jusqu'à ce que le sucre se dissolve puis portez à ébullition et faites réduire pendant 4 ou 5 minutes. Ajoutez le concombre et l'oignon. Laissez cuire à feu doux pendant 2 minutes. Ajoutez ensuite la Maïzena® diluée. Faites chauffer à nouveau 1 à 2 minutes. Coupez le feu et laissez refroidir complètement pendant 2 heures.

Vous pouvez conserver les pickles dans un bocal au réfrigérateur pendant plusieurs semaines.

VARIANTE

Pickles relish : Videz les pickles de leur eau. Hachez-les grossièrement au couteau.

Légumes do chua pour le banh mi

Préparation : 15 minutes Repos : 24 heures

- 35 cl d'eau bouillante
- ¼ courgette
- ¼ chou-fleur
- 2 carottes
- 2 gousses d'ail
- 1 piment oiseau rouge
- 250 g de sucre
- 5 g de sel
- 25 cl de vinaigre blanc

Voici de quoi préparer un bocal entier que vous pourrez utiliser dans les banh mi mais aussi en garniture dans les bo bun, sur du riz, dans des salades, etc.

Faites chauffer l'eau. Retirez le cœur de la courgette et découpez-la en bâtonnets. Découpez le chou-fleur en petits bouquets et les carottes en rondelles ou en bâtonnets. Pelez les gousses d'ail. Épépinez le piment rouge et émincez-le. Faites fondre le sucre et le sel dans l'eau. Ajoutez le vinaigre blanc.

Déposez tous les légumes dans le bocal et versez le liquide jusqu'à hauteur. Laissez reposer 24 heures.

Pour bien conserver le do chua, fermez bien le bocal et gardez-le au réfrigérateur, jusqu'à 2 semaines.

Houmous de pois chiches

Préparation : 15 minutes

170 g de pois chiches en boîte

Le jus de 2 citrons

1 cuil. à soupe de tahin (pâte de sésame)

4 cuil. à soupe d'eau

1 grosse pincée de paprika

1 cuil. à soupe d'huile d'olive

Quelques graines de sésame torréfié

Sel, poivre

Mixez finement les pois chiches avec le jus de citron, le tahin, l'eau, du sel et du poivre. Saupoudrez ensuite de paprika et arrosez d'huile d'olive. Saupoudrez de sésame torréfié. Dégustez avec du pain frais.

Houmous de betterave

Préparation : 20 minutes

200 g de pois chiches en conserve

1 citron bio

125 g de betterave cuite coupée en cubes

1 gousse d'ail pressée

1 cuil. à soupe d'huile de sésame

30 g de tahini

Quelques brins d'aneth et de menthe

Sel, poivre

Rincez les pois chiches, égouttez-les. Retirez la peau. Râpez le zeste du citron.

Réunissez les pois chiches, la betterave et l'ail. Ajoutez le jus du citron. Mixez à l'aide d'un mixeur plongeant jusqu'à obtenir une purée fine. Ajoutez l'huile de sésame, le tahini et le zeste de citron. Assaisonnez, goûtez, rectifiez l'assaisonnement si besoin. Réservez au frais.

Au moment de servir, ajoutez les herbes ciselées. Accompagnez, par exemple, de pain aux céréales, de rondelles de concombre et de feta émiettée.

Chutney à la figue

Préparation : 10 minutes   Cuisson : 10 minutes

200 g de figues noires mûres mais fermes

100 g de pomme à cuire

20 g d'échalote hachée

2,5 cl de vinaigre de vin rouge

125 g de sucre en poudre

1 pincée de cannelle en poudre

1 pincée de sel fin

Poivre moulu

Rincez les figues, retirez les queues, coupez-les en 4. Épluchez la pomme et coupez-la en petits morceaux.

Mettez l'ensemble des ingrédients dans une casserole. Remuez et faites cuire à feu doux jusqu'à ce que le sucre soit dissous.

Portez à ébullition et faites cuire à feu vif pendant 5 minutes en remuant régulièrement jusqu'à ce que la consistance soit celle d'une confiture.

Chutney à la mangue

Préparation : 10 minutes   Cuisson : 10 minutes

250 g de chair de mangue coupée en morceaux

1 cm de racine de gingembre frais pelé et râpé

3 cl de vinaigre de vin blanc

125 g de sucre en poudre

1 pincée de sel fin

½ cuil. à café de curry en poudre

1 pincée de poivre moulu

Le jus d'un gros citron vert

Mettez l'ensemble des ingrédients dans une casserole. Remuez et faites cuire à feu doux jusqu'à ce que le sucre soit dissous.

Portez à ébullition et faites cuire à feu vif pendant 5 minutes en remuant régulièrement jusqu'à ce que la consistance soit celle d'une confiture.

Confit d'oignons

Préparation : 20 minutes Cuisson : 20 minutes

- 500 g d'oignons de Roscoff
- 25 g de beurre
- 120 g de sucre
- 15 cl de jus de pomme
- 3 cl de vinaigre de cidre
- Sel, poivre

Épluchez et coupez les oignons en lamelles.

Faites fondre le beurre dans une casserole et ajoutez les oignons. Laissez suer à feu moyen puis ajoutez le sucre, le jus de pomme et le vinaigre. Laissez réduire à feu doux jusqu'à ce qu'il n'y ait plus du tout de liquide, salez et poivrez puis poussez un peu la caramélisation. Lorsque l'ensemble est bien coloré, retirez du feu et versez dans un bocal en verre. Laissez refroidir et conservez au réfrigérateur.

Confit d'échalote au piment

Préparation : 20 minutes Cuisson : 20 minutes

- 400 g d'échalotes
- 2 cuil. à soupe d'huile d'olive
- 1 cuil. à soupe de sucre roux
- 1 pincée de piment d'Espelette
- 1 pincée de paprika
- 1 pincée d'origan
- Sel

Épluchez et coupez les échalotes en lamelles.

Faites chauffer l'huile dans une casserole, ajoutez les échalotes. Faites suer à feu doux et laissez cuire en couvrant jusqu'à ce qu'elles soient bien compotées. Découvrez et ajoutez le sucre et les épices. Laissez caraméliser à feu moyen. Salez. Laissez refroidir et conservez au réfrigérateur

Annexes

TABLE DES RECETTES

INTRODUCTION 7

SANDWICHS MYTHIQUES 8

Les sandwichs salés 10
Jambon-beurre 13
Pan-bagnat 14
Club-sandwich 17
Egg & cress 18
Smash cheese bacon burger 21
Philly cheesesteak 22
Grilled cheese sandwich 25
Bagel lox 26
Focaccia au speck et à la truffe 29
Coney Island hot dog 30
Pletzel 33
Bocadillo de calamares 34
Ciabatta 37
Sandwich chich taouk 38
Sandwich Reuben 41
Falafel 42
Fricassé 45
Banh mi 46
Lobster roll 49
Katsu sando 50
Panini au pesto de roquette, mortadelle et mozzarella 53
Gordita 54
Choripan 57
Dürüm 58
Pulled pork sandwich 61
Shrimp po' boy sandwich 62
Broodje haring 65
Sabich 66
Cevapcici 69
Tripleta 70
Muffuletta 73
Burrito au poulet 74
Kebab 77
Croque-mademoiselle 78
Gyros grec 81
Pizza roll 82
Räksmörgås 85
Fried chicken sandwich 86

Les sandwichs sucrés 88
PB&J (peanut butter and jelly) 91
Fruit sando 92
Ice-cream sandwich 95
S'more 96

LES RECETTES DE BASE 98

Les différents pains –
Les pâtes levées cuites au four 100
Baguette 102
Pain Pletzel 103
Pain à hot dog, bun à burger et pain brioché 104
Pain de mie 105
Pain à pan-bagnat 106
Pâte à pizza 107
Focaccia 110
Ciabatta 111
Panini 112
Bagel 113
Pain Dürüm 114
Pain noir multicéréales 115
Pain de seigle 116

Les différents pains –
Les pains cuits à la poêle **118**
Pain polaire 120
Pain pita 121
Lavash 122
Tortilla de blé 123

Les différents pains –
Les pains frits **124**
Fricassé 126
Gordita 127

Les sauces **128**
Beurres parfumés 130
Mayonnaise maison 131
Toum libanais : mayonnaise à l'ail 132
Ajvar 133
Ketchup maison 136
Banana ketchup 137
Sauce BBQ 138
Sauce Thousand Island 139
Sauce tahini 139
Sauce Tonkatsu 139

Les condiments **140**
Pesto de roquette 142
Pesto rosso de tomates séchées 142
Pesto d'artichauts 142
Pickles de concombre maison 143
Légumes do chua pour le banh mi 144
Houmous de pois chiches 145
Houmous de betterave 145
Chutney à la figue 148
Chutney à la mangue 148
Confit d'oignons 149
Confit d'échalote au piment 149

INDEX PAR INGRÉDIENT

AIL
Ajvar 133
Banana ketchup 137
Cevapcici 69
Gyros grec 81
Houmous de betterave 145
Ketchup maison 136
Légumes do chua pour le banh mi 144
Pesto d'artichauts 142
Pesto de roquette 142
Pesto rosso de tomates séchées 142
Sauce BBQ 138
Toum libanais : mayonnaise à l'ail 132

ARTICHAUT
Pan-bagnat 14
Pesto d'artichauts 142

AUBERGINE
Ajvar 133
Ciabatta 37
Panini au pesto de roquette, mortadelle et mozzarella 53
Sabich 66

BAGEL
Bagel lox 26

BAGUETTE
Banh mi 46
Bocadillo de calamares 34
Cevapcici 69
Choripan 57
Jambon-beurre 13
Tripleta 70

BANANE
Banana ketchup 137

BETTERAVE
Houmous de betterave 145

BEURRE
Beurres parfumés 130
Club-sandwich 17
Confit d'oignons 149
Jambon-beurre 13
Pain de mie 105

BEURRE DE CACAHUÈTES
PB&J (peanut butter and jelly) 91

CAROTTE
Légumes do chua pour le banh mi 144
Shrimp po' boy sandwich 62

CÉLERI
Broodje haring 65
Lobster roll 49

CHAMPIGNON
Banh mi 46
Focaccia au speck et à la truffe 29
Pizza roll 82

CHARCUTERIE (jambon, coppa, mortadelle, pastrami)
Ciabatta 37
Croque-mademoiselle 78
Focaccia au speck et à la truffe 29
Jambon-beurre 13
Muffuletta 73
Panini au pesto de roquette, mortadelle et mozzarella 53
Pizza roll 82
Pletzel 33
Sandwich Reuben 41
Tripleta 70

CHOCOLAT
S'more 96

CHOU (blanc, rouge)
Falafel 42

Katsu sando 50
Shrimp po' boy sandwich 62

CHOUCROUTE
Coney Island hot dog 30
Sandwich Reuben 41

CIABATTA
Ciabatta 37

CONCOMBRE
Bagel lox 26
Banh mi 46
Fricassé 45
Fried chicken sandwich 86
Katsu sando 50
Pickles de concombre maison 143
Pletzel 33
Räksmörgås 85
Sabich 66
Sandwich chich taouk 38

COURGETTE
Ciabatta 37
Légumes do chua pour le banh mi 144

ÉCHALOTE
Chutney à la figue 148
Confit d'échalote au piment 149

FARINE
Bagel 113
Baguette 102
Ciabatta 111
Focaccia 110
Fricassé 126
Gordita 127
Lavash 122
Pain à hot dog, bun à burger et pain brioché 104
Pain à pan-bagnat 106
Pain de mie 105
Pain de seigle 116
Pain Dürüm 114
Pain noir multicéréales 115
Pain pita 121
Pain Pletzel 103
Pain polaire 120
Panini 112
Pâte à pizza 107
S'more 96
Tortilla de blé 123

FIGUE
Chutney à la figue 148

FOCACCIA
Focaccia au speck et à la truffe 29

FRAISE
PB&J (peanut butter and jelly) 91
Fruit sando 92

FROMAGE
(cheddar, mozzarella, gouda)
Burrito au poulet 74
Ciabatta 37
Club-sandwich 17
Croque-mademoiselle 78
Focaccia au speck et à la truffe 29
Grilled cheese sandwich 25
Muffuletta 73
Panini au pesto de roquette, mortadelle et mozzarella 53
Pesto d'artichauts 142
Pesto de roquette 142
Pesto rosso de tomates séchées 142
Philly cheesesteak 22
Pizza roll 82
Pletzel 33
Sandwich Reuben 41
Smash cheese bacon burger 21

INDEX PAR INGRÉDIENT

GLACE
Ice-cream sandwich ... 95

GRAINES
Pain noir multicéréales ... 115

KIWI
Fruit sando ... 92

LAIT
Bagel ... 113
Ciabatta ... 111
Pain à hot dog, bun à burger et pain brioché ... 104
Pain à pan-bagnat ... 106
Pain de mie ... 105
Panini ... 112
Pâte à pizza ... 107
Tortilla de blé ... 123

MANGUE
Chutney à la mangue ... 148
Sabich ... 66

MARSHMALLOW
S'more ... 96

MOUTARDE
Mayonnaise maison ... 131
Sauce Tonkatsu ... 139

ŒUF
Bagel ... 113
Club-sandwich ... 17
Croque-mademoiselle ... 78
Egg & cress ... 18
Fricassé ... 126
Fricassé ... 45
Katsu sando ... 50
Mayonnaise maison ... 131
Pain à hot dog, bun à burger et pain brioché ... 104
Pan-bagnat ... 14
Räksmörgås ... 85
Sabich ... 66

OIGNON
Banana ketchup ... 137
Broodje haring ... 65
Burrito au poulet ... 74
Cevapcici ... 69
Choripan ... 57
Coney Island hot dog ... 30
Confit d'oignons ... 149
Dürüm ... 58
Falafel ... 42
Fricassé ... 45
Gordita ... 54
Gyros grec ... 81
Kebab ... 77
Ketchup maison ... 136
Pan-bagnat ... 14
Pickles de concombre maison ... 143
Pletzel ... 33
Pulled pork sandwich ... 61
Sabich ... 66
Sauce BBQ ... 138
Sauce Thousand Island ... 139
Smash cheese bacon burger ... 21

OLIVE
Muffuletta ... 73
Pain à pan-bagnat ... 106
Pain Pletzel ... 103

PAIN AUX CÉRÉALES
Broodje haring ... 65

PAIN BAGNAT
Pan-bagnat ... 14

PAIN BRIOCHÉ
Coney Island hot dog ... 30
Fried chicken sandwich ... 86

Lobster roll 49
Muffuletta 73
Philly cheesesteak 22
Pulled pork sandwich 61
Shrimp po' boy sandwich 62
Smash cheese bacon burger 21

PAIN DE CAMPAGNE
Sandwich Reuben 41

PAIN DE MIE
Club-sandwich 17
Croque-mademoiselle 78
Egg & cress 18
Fruit sando 92
Grilled cheese sandwich 25
Katsu sando 50
PB&J (peanut butter and jelly) 91

PAIN DÜRÜM
Dürüm 58

PAIN FRICASSÉ
Fricassé 45

PAIN GORDITA
Gordita 54

PAIN ORIENTAL
Sandwich chich taouk 38

PAIN PANINI
Panini au pesto de roquette, mortadelle et mozzarella 53

PAIN PITA
Falafel 42
Gyros grec 81
Kebab 77
Sabich 66

PAIN PLETZEL
Pletzel 33

PAIN POLAIRE
Räksmörgås 85

PÂTE À PIZZA
Pizza roll 82

PIGNON DE PIN
Pesto d'artichauts 142
Pesto de roquette 142

POIS CHICHE
Falafel 42
Houmous de betterave 145
Houmous de pois chiches 145

POISSON ET CRUSTACÉS (saumon, thon, hareng, crevette, homard, calamar)
Bagel lox 26
Bocadillo de calamares 34
Broodje haring 65
Fricassé 45
Lobster roll 49
Räksmörgås 85
Shrimp po' boy sandwich 62

POIVRON
Ajvar 133
Burrito au poulet 74
Ciabatta 37
Fricassé 45
Gordita 54
Pan-bagnat 14
Philly cheesesteak 22

SALADE (laitue, roquette)
Club-sandwich 17
Dürüm 58
Fried chicken sandwich 86
Gyros grec 81
Lobster roll 49
Panini au pesto de roquette, mortadelle et mozzarella 53

INDEX PAR INGRÉDIENT

Pesto de roquette 142
Räksmörgås 85
Sandwich chich taouk 38
Smash cheese bacon burger 21

TAHINI
Houmous de betterave 145
Sauce tahini 139

TOMATE
Burrito au poulet 74
Choripan 57
Club-sandwich 17
Dürüm 58
Fricassé 45
Gordita 54
Kebab 77
Ketchup maison 136
Muffuletta 73
Pan-bagnat 14
Panini au pesto de roquette, mortadelle et mozzarella 53
Pesto rosso de tomates séchées 142
Pizza roll 82
Pletzel 33
Pulled pork sandwich 61
Räksmörgås 85
Sabich 66
Smash cheese bacon burger 21
Tripleta 70

TORTILLA
Burrito au poulet 74

VIANDE (bœuf, porc, agneau, poulet, lard, saucisse, bacon)
Banh mi 46
Burrito au poulet 74
Cevapcici 69
Choripan 57
Club-sandwich 17
Coney Island hot dog 30
Dürüm 58
Fried chicken sandwich 86
Gordita 54
Gyros grec 81
Katsu sando 50
Kebab 77
Philly cheesesteak 22
Pulled pork sandwich 61
Sandwich chich taouk 38
Smash cheese bacon burger 21
Tripleta 70

VINAIGRE (de cidre, de vin blanc, de vin rouge)
Banana ketchup 137
Chutney à la figue 148
Chutney à la mangue 148
Confit d'oignons 149
Ketchup maison 136
Légumes do chua pour le banh mi 144
Pickles de concombre maison 143

YAOURT, FROMAGE BLANC, MASCARPONE
Broodje haring 65
Fruit sando 92
Kebab 77
Lavash 122
Pain polaire 120
Räksmörgås 85
Sandwich chich taouk 38
Sauce tahini 139

Remerciements

Un grand Merci à mon fils Raphaël,
esthète du fried-chicken-sandwich, dont la recette figure dans ce livre.
Sans lui, je n'aurais pas poussé aussi loin
la recherche des sandwichs parfaits ! Un grand Merci également à
Stephen qui a testé des sandwichs pendant des semaines
et qui testera encore pendant des semaines le sujet de mon prochain livre
(merci pour ton soutien inconditionnel) !

Un grand Merci à Laure Aline et Agathe Masson des Éditions de La Martinière
qui me renouvellent leur confiance depuis toutes ces années
en soutenant mes projets avec force et conviction !
Merci également à Maria Notó Mora qui a mené ce projet à son terme !

Un grand Merci à Laurent Rouvrais pour ses belles photos,
fraîches et gourmandes, pour son endurance sur ce sujet
qui n'est pas aussi simple qu'on le croit !

Département éditorial Art de vie

Directrice éditoriale : Laure Aline
Éditrices : Agathe Masson, Maria Notó Mora
Correction : Marie Chouteau
Fabrication : Virginie Leroux
Conception graphique et réalisation : Rachida Zerroudi
Couverture : Laurence Maillet

ISBN : 979-10-401-1203-7

Connectez-vous sur :
www.editionsdelamartiniere.fr
Instagram : @lamartiniere.cuisine

Photogravure : AnR
Dépôt légal : mai 2023
Achevé d'imprimer par Graphycems en mars 2023.
Imprimé en Espagne.

MIXTE
Papier issu de sources responsables
FSC® C007507